Philharmonisches Orchester
Bad Reichenhall

125 Jahre

KONZERT-
ORCHESTER-
TRADITION

in

Bad Reichenhall
(1868 - 1993)

Musiker-Contract und
Orchestergesetz
(Original-Reproduktion) als Beilage

Herbert Pfisterer

D1722580

Impressum:

Herausgeber: Freunde des Philharmonischen Orchesters Bad Reichenhall e.V.
Druckerei & Verlag: Berchtesgadener Anzeiger
ISBN-Nr. 3-925647-09-0
Auflage 3.500 / 1993 Alle Rechte vorbehalten.

Inhalt:

Grußwort

Die reinigende und heilende Wirkung von Musik auf Körper und Psyche war bereits den Naturvölkern und den Kulturvölkern des Altertums bekannt. Sie wird heute von der Musiktherapie wissenschaftlich erforscht und zielgrichtet zur körperlichen und seelischen Gesundung eingesetzt. Diese Bedeutung von Musik hat der Komponist und Kapellmeister Joseph Gungl wohl im Auge gehabt, als er 1868 eine erste Kurkapelle im Heilbad Reichenhall gründete. Die Kurmusik hat sich seither in wechselnden Formationen in Bad Reichenhall erhalten. An diese ununterbrochene Tradition konnte angeknüpft werden, als nach dem 2. Weltkrieg mit dem Wiederaufbau des Staatsbades Bad Reichenhall auch ein eigenes Kurorchester wiederbegründet wurde.

Heute nimmt das Philharmonische Orchester Bad Reichenhall neben den Diensten eines Kurorchesters die wichtige Aufgabe eines Kulturorchesters für Südbayern wahr. Durch die zielstrebige Aufbauarbeit des langjährigen 1. Chefdirigenten Dr. Barth, durch die Initiative und den Einfallsreichtum des inzwischen nach Göttingen übergewechselten Chefdirigenten Simonis und durch die Kompetenz und reiche Orchestererfahrung des jetzigen Chefdirigenten MD Demmler hat das Orchester ein hohes Niveau erlangt und Anerkennung weit über die Region hinaus gefunden. Neben zahlreichen Symphoniekonzerten in Bad Reichenhall und in der ganzen Region räumt das Orchester jungen Instrumentalisten, Sängern und Nachwuchsdirigenten die Möglichkeit ein, Podiumserfahrungen im Zusammenspiel mit dem Orchester zu erlangen. Dank seiner breit gefächerten Konzerttätigkeit und der vielfältigen Förderungen des musikalischen Nachwuchses kommt dem Orchester ein hoher Stellenwert in der reichen bayerischen Kulturlandschaft zu.

Dem Philharmonischen Orchester Bad Reichenhall, dem Chefdirigenten, den Musikern und allen, die für das Orchester haupt- oder ehrenamtlich tätig sind, gelten anläßlich des 125jährigen Bestehens meine herzlichen Glückwünsche. Möge das Orchester auch in den kommenden Jahrzehnten erfolgreich seine Aufgabe als Kur- und Kulturorchester und damit als eines wichtigen Bestandteils unserer bayerischen Kulturlandschaft wahrnehmen.

Hans Zehetmair
Bayerischer Staatsminister
für Unterricht, Kultus,
Wissenschaft und Kunst

Vorwort

In diesem Jahr kann in Bad Reichenhall ein Jubiläum besonderer Art begangen werden. 125 Jahre sind vergangen, seit im Jahre 1868 Josef Gung'l eine erste Kurkapelle zusammengestellt und damit gleichsam eine Konzert-Orchester-Tradition begründet hat, die in Bad Reichenhall bis zum heutigen Tage lebendig ist. Begannen die ersten Orchester mit der bescheidenen Besetzung von 18 und 22 Musikern, so standen in den Jahren vor dem Ersten Weltkrieg unter der Leitung Gustav Paepkes bereits 44 Musiker unter Vertrag. Auch das sogenannte „Pfalzorchester", das zwischen den Kriegen in Bad Reichenhall gastierte, trat mit immerhin bis zu 40 Musikern vor das Publikum.

Das „Philharmonische Orchester" von heute bietet schließlich auch wieder 40 Musikern eine künstlerische Heimstatt. Dieses Orchester der Gegenwart steht zwar voll in der langen Bad Reichenhaller Konzert-Orchester-Tradition, unterscheidet sich aber doch grundsätzlich von allen Klangkörpern der Vergangenheit. Waren nämlich die früheren Orchester durchwegs reine Sommer-Orchester mit jährlichen Spielzeiten von zuerst 4 1/2, später 5 Monaten, so konnten sich die Bad Reichenhaller Philharmoniker, unter der Stabführung von Dr. Wilhelm Barth, in den ersten Nachkriegsjahren zu einem ganzjährig spielenden Orchester entwickeln. Gehörte die Produktion von Kurmusik früher zur fast ausschließlichen Aufgabe der Kapellen, so versteht sich das Philharmonische Orchester von heute als *Kultur-Orchester,* das in Bad Reichenhall auch hochwertige Kurmusik bietet und die zusätzliche Bezeichnung „Staatliches Kurorchester" mit Stolz trägt.

Die vorliegende Schrift versucht die 125jährige Orchester-Tradition in Bad Reichenhall nachzuverfolgen und ihre wesentlichen Stationen darzustellen. Dabei wurden manche Einzelheiten exemplarisch in den Vordergrund gerückt, anderes wiederum nur in knappen Strichen skizziert. Selbstverständlich konnte dabei nur auf die historisch relevanten Aspekte und Strukturen des Orchesters als Körperschaft eingegangen werden. Aussagen zur künstlerischen Qualität der produzierten Musik, zur Programmauswahl oder etwa zum Wandel der Kurmusik im Lauf der Jahrzehnte blieben unberücksichtigt, so interessant derartige Analysen auch wären. Wenn die Persönlichkeiten der jeweiligen Kapellmeister und Dirigenten immer etwas stärker konturiert sind, so liegt dies in der Natur der Sache. Ihnen war ja die Leitung der Klangkörper anvertraut und sie haben diese mehr oder weniger geprägt.

Als Quellen für diese Arbeit standen für den älteren Teil (bis 1944) fast ausschließlich die Archivalien „Kurorchester" der Staatlichen Kurverwaltung (in den Fußnoten mit „AKV" zitiert!) zur Verfügung. Diese alten Unterlagen (handgeschriebene Kapellmeister-Verträge, Korrespondenzen, Berichte, Zeugnisse usw.) wurden vor wenigen Jahren zum größten Teil in verschiedene Sachgebiete und chronologisch geordnet.

Für die jüngere Geschichte des Philharmonischen Orchesters konnten vor allem die mustergültig geordneten Archivalien des ehemaligen Chefdirigenten, Musikdirektor Dr. Wilhelm Barth (in den Fußnoten mit „AB" = Archiv Barth) zur Einsichtnahme und Exzerption herangezogen werden.

Die einzelnen „*Biographischen Anmerkungen*" griffen wiederholt auf die Arbeit von Christian Simonis (Das Philharmonische Orchester Bad Reichenhall, in „100 Jahre Bad Reichenhall", Festschrift 1990) zurück.

Leider existiert kaum Archivmaterial zur Orchestergeschichte der ersten Jahre nach dem Krieg (Hans Resch 1945 - 1947). Auch zu den Biographien der beiden Kapellmeister Rudolf Erb (1958 - 1960) und Günther Eichhorn (1960 - 1962) fand sich in den Unterlagen kaum ein Wort!

Dem Verfasser war zur Herstellung dieser Jubiläumsschrift nur die knappe Zeit weniger Wochenenden für Recherche, Quellenauswahl, Interpretation und Niederschrift vergönnt – manches hätte sich sonst noch vertiefen lassen.

Für ihre Unterstützung bedankt sich der Autor bei Kurdirektor Hans-Wolfgang Städtler, Musikdirektor Dr. Wilhelm Barth und Stefan Hammermayer für die zeitweilige Überlassung diverser Archivalien. Herrn Dr. Barth sei insbesondere gedankt für die vielen Gespräche und für manches Detail aus der Erinnerung seines langen Künstlerlebens.

Herrn Direktor Josef Sichert und Oberbürgermeister Wolfgang Heitmeier gebührt Dank für kritische Hinweise und korrigierende Anmerkungen im Verlauf der Niederschrift.

Ganz besonders bedankt sich der Verfasser jedoch bei Frau Marianne Rauen-Buchka, die die Arbeit durchgesehen hat, bei der Quellenbeschaffung und Recherche (insbesondere der jüngsten Zeit) half und mit manchem Rat zur Seite stand.

Dr. Herbert Pfisterer
Berchtesgaden, 1. Mai 1993

Vorgeschichte und Einleitung
(Die frühe Bademusik)

Am 15. Mai 1846 wurde in Reichenhall die „Cur- und Molkenanstalt Achselmannstein" eröffnet. Damit begann für den uralten Salinenort ein neues Kapitel seiner Geschichte – das Gemeinwesen entwickelte sich zum Heilbad und Fremdenverkehrsmittelpunkt.

Die Musik dürfte dabei von Anfang an eine Rolle gespielt haben, auch wenn keine Einzelheiten überliefert sind. Warum sollte etwa das Beispiel anderer, älterer Bäder, die alle der Kurmusik einen hohen Stellenwert einräumten, für Reichenhall nicht Vorbild gewesen sein?

Erste Hinweise auf eine Bademusik in Reichenhall gibt es erst seit dem Jahre 1859. Damals organisierte der 25-jährige Konrad Landrichinger ein ausgebildeter Berufsmusiker (Horn, Geige) und Kapellmeister, der in Reichenhall als letzter „Stadtthürmermeister"[1] fungierte, die erste Kurkapelle. Das Ensemble rekrutierte sich dabei wohl weitgehend aus den vorhandenen Stadtthürmer-Bläsern.

Es war also eine kleine Blaskapelle in der Stärke von acht bis zehn Musikern, die in den neun Jahren 1859 bis 1867 im Kurgarten Achselmannstein die sonntägliche Kurmusik produzierte und vom Badkommissariat dafür entlohnt wurde. Daß dabei das Repertoire beschränkt bleiben mußte versteht sich sowohl durch die Instrumente wie auch durch die Größe der Kapelle. Über die Qualität von Landrichingers Musik wird ansonsten nichts berichtet.

Ein im Frühjahr 1866 in Augsburg veröffentlichter Zeitungsbeitrag[2] über *„Reichenhall"* wußte allerdings wenig Schmeichelhaftes über die Reichenhaller Bademusik zu berichten und verunglimpfte sie als *„ungeübt und leistungsschwach."* Diese Kritik veranlaßte unter *„Eingesandt"* zu einer Gegendarstellung im „Der Grenzbote"[3]:

„Wir geben gerne zu, daß unsere Bademusik – wie alle anderen derartigen öffentlichen Institute – der allgemeinen Kritik unterworfen ist; können uns jedoch der bescheidenen Meinung nicht entschlagen, daß eine maßvolle, die bestehenden Verhältnisse berücksichtigende Beurteilung mehr am Platze gewesen wäre, als ein durch Posaunenstoß in die Welt geschleudertes Verdammungsurteil – ein Urteil, welches für unsern gewiß tüchtigen Musikmeister Landrichinger eben so kränkend als unverdient ist." [4]

Der Umstand, *„daß Se. Majestät, der kunstsinnige König Ludwig I."*, Landrichingers Kapelle schon mehrmals an sein *„Hoflager"* berufen habe, sei doch schließlich

---

1) Der Begriff „Thürmer" kommt aus dem Mittelalter. Man verstand darunter den in Städten üblichen Turmwächter, der mit dem Horn allerlei Signale zu geben hatte. Schon in frühen Jahrhunderten standen dem Thürmer Gehilfen zur Seite und so entwickelten sich im Laufe der Zeit aus dem vormaligen Beobachtungs- und Signalpersonal kleinere Musikgesellschaften (Turmbläser), die gewissermaßen im Dienst des Gemeinwesens standen. Der Stadtthürmermeister zu Reichenhall war demnach der Obmann (Meister) der städtischen Turmbläsergemeinschaft.
2) Der Originalwortlaut des im „Sammler", einer Beilage des Augsburger Abendblattes, im Frühjahr 1866 publizierten Artikels konnte leider nicht eingesehen werden.
3) Der Grenzbote, Nr. 17, 29. April 1866
4) Ebenda (Möglicherweise hat Landrichinger diese Gegendarstellung selbst verfaßt oder sie lanciert!)

„Die alte Stadtmusik", die vor dem Jahre 1868 auch die Kurmusik produzierte. Die Foto-graphie zeigt acht Blasmusiker, darunter den „Stadtthürmermeister" Konrad Landrichinger (Mitte).

auch Zeugnis genug für die Leistungsfähigkeit dieser Musikgruppe. Im übrigen sei es unbestritten, daß ein Orchester mit 20 und 30 Musikern mehr zu leisten ver-möchte als eine kleine Kapelle mit *„ca. 10 Musikern"*. Würde Herr Landrichinger, *„der auch als Compositeur"* bereits Tüchtiges geschaffen habe, die nötigen Mittel geboten bekommen, ein großes *„Musikkorps"* aufzustellen, dann wäre er dazu eben-so in der Lage *„wie jeder andere tüchtige Musikmeister"*. [5]

---

5) Ebenda

Möglicherweise war die besagte Kritik an Landrichingers Kurmusik ungerecht, doch als man sich im Herbst des Folgejahres über die Organisation eines größeren und stimmlich differenzierteren Klangkörpers unterhielt, bekam nicht Konrad Landrichinger den Auftrag dies zu bewerkstelligen, sondern man wandte sich deswegen an einen sehr prominenten Orchesterleiter – an Josef Gung'l.

Am Anfang war Josef Gung'l (1868 - 1869)
Biographische Anmerkungen [6]

Josef Gung'l wurde am 1. Dezember 1809 in Zsambeck (Schambeck)/Ungarn als Sohn eines donauschwäbischen Strumpfwirkers geboren. Seine Jugend war hart und entbehrungsreich, dennoch konnte er es durch Fleiß und Strebsamkeit zum Lehreranwärter bringen. Schon in jungen Jahren erhielt er auch eine Musikausbildung, die ihn später befähigte Militärmusiker zu werden. In der österreichischen Armee diente er schließlich 13 Jahre (1830 - 1843) und avancierte bis zum Kapellmeister. Während dieser Jahre machte er auch bereits durch erste Kompositionen auf sich aufmerksam. Nach seinem Abschied gründete er ein eigenes Orchester mit dem er sich auf Tournee begab. Seine damaligen Konzerte in vielen Hauptstädten Europas waren überaus erfolgreich und begründeten Gung'ls Ruhm. Im Jahre 1848, als Mitteleuropa durch Revolutionen erschüttert wurde, wich Gung'l nach USA aus. Auch jenseits des Ozeans (in den Städten New York, Boston, Washington DC., Baltimore und Philadelphia) erntete seine Musik begeisterte Zustimmung. Nach seiner Heimkehr ehrte man Gung'l in Berlin mit dem Titel eines Kgl. Preußischen Musikdirektors, während er in Wien in den Ritterstand erhoben wurde. In Wien wollte er auch gerne bleiben, doch der starken Konkurrenz eines Johann Strauß konnte er nicht standhalten. So löste er sein Orchester auf und trat als Regimentskapellmeister nochmals in den Militärdienst. Mit 55 Jahren kehrte er der Armee zum zweiten Mal den Rücken. Gung'l ließ sich nun 1864 in München nieder, wo er schnell heimisch wurde und mit einem neuerlichen Orchester bald Anerkennung fand.

Zur selben Zeit, da der vom jugendlichen König Ludwig II. berufene Richard Wagner wegen seiner Verschwendungssucht zum Skandal wurde, feierte der populäre Gung'l wahre Triumphe. Insgesamt 436 Kompositionen aus seiner Hand haben sich erhalten. Der damals ebenfalls gegründete Orchesterverein „Wilde Gung'l" existiert bis zum heutigen Tag. Der Ruf Gung'ls war auch nach Reichenhall vorgedrungen wo man beschloß, diesen Mann zum Aufbau eines Kurorchesters zu gewinnen. Gung'l gründete und entwickelte dieses Orchester in den Jahren 1868/69, wovon im folgenden zu sprechen sein wird. Er war damals schon 59 Jahre alt.

Josef Gung'l lebte in seinen späteren Jahren bei seiner Tochter Virginia, die als renommierte Opernsängerin galt. Eine andere Tochter Gung'ls, Kajetana, wurde die Frau Gustav Paepkes, der von 1879 bis 1921 das Reichenhaller Kurorchester leitete. So war Gung'l auch über seinen Schwiegersohn mit der Orche-

---

6) Vgl. hierzu auch die Ausführungen von Christian Simonis, Das Philharmonische Orchester Bad Reichenhall 1868 - 1990, in „100 Jahre Bad Reichenhall", 1990 (Hsg. Kurdirektor H. W. Städtler)

Josef Gung'l Kgl. Preuß. Musikdirektor im Jahre 1864. Das Gemälde stellt den Musiker in der Uniform eines österreichischen Regimentskapellmeisters dar. Gung'l verließ noch im selben Jahr den Militärdienst und ließ sich in München nieder.

sterarbeit in Reichenhall verbunden. Gung'l starb am 1. Februar 1889 in Weimar.

Das erste Orchester entsteht

Die mißlichen Umstände bei der Reichenhaller Kurmusik waren im Herbst des Jahres 1867 Gegenstand einer Diskussion im sogenannten „Badcomitee" [7]. Man wollte Abhilfe schaffen und einigte sich darauf, dem Münchner Kapellmeister Josef Gung'l die Neuorganisation und Leitung der Kurmusik anzutragen. Wie aus der erhaltenen Korrespondenz [8] bekannt, hatte Dr. Kammerer [9] die Kontaktaufnahme übernommen und dem renommierten Musiker die Vorstellungen des Reichenhaller Comitees übermittelt. Josef Gung'l war von der Idee sehr angetan und reagierte positiv. Allerdings knüpfte er seine Zusage an die Erfüllung gewisser Voraussetzungen [10]. Gung'l pochte vor allem darauf ein Orchester mit 18 Musikern aufstellen zu dürfen. Er sei seinem Renommee schuldig, etwas Vorzügliches zu leisten und anders ginge es nicht. Mit 10 Mann wie bisher ein Ensemble zu bilden, das „auch nur einigermaßen mittelmäßige Leistungen" erreiche, sei unmöglich. Im übrigen hätten andere Bäder, die sich in etwa mit Reichenhall vergleichen ließen – „z. B. Kissingen, Franzensbad, Ischl, Teplitz usw." durchwegs Orchester mit mindestens 18 Musikern aufzuweisen [11]. Gung'l präsentierte in seinem Schreiben auch gleich die instrumentale Zusammensetzung des projektierten Klangkörpers:

2 erste Violinen (inkl. Konzertmeister)
2 zweite Violinen
1 Viola
1 Violoncello
1 Kontrabaß
1 Flöte
2 Klarinetten
1 Oboe
1 Fagott
2 Waldhörner
1 Posaune
1 Pauke [12]

Zur Finanzierung des vergrößerten Orchesters entwickelte Gung'l eine Idee, die später auch in die Praxis umgesetzt und für Jahrzehnte so gehandhabt wurde. Gung'l machte dem Badkommissariat den Vorschlag, eine eigene „Musiktaxe" einzuführen, die sich in ihrer Staffelung an der bereits bestehenden Kurtaxe wie folgt orientieren sollte:

Für jeden *Kurgast* oder „*Haupt der Familie*"   3 fl. (Gulden),
für jedes weitere *Familienmitglied*   1 fl. (Gulden) und
für jedes *Kind* und jeden „*Domestiken*" per Kopf   30 kr. (Kreuzer) [13]

---

7) Das „Badcomitee", das aus dem vormaligen „Verschönerungscomitee" hervorgegangen war (nicht zu verwechseln mit dem Verschönerungsverein), fungierte unter dem Vorsitz des Badkommissärs als reines Beratungsgremium und hatte sonst keine Befugnisse.
8) Archiv der Staatlichen Kurverwaltung, Abt. Kurorchester (im folgenden zitiert AKV), Schreiben Gung'ls an das Badkommissariat vom 2. November 1867
9) Dr. med. Friedrich Kammerer war seit 1865 niedergelassener Arzt und Kurarzt in Reichenhall
10) AKV, Josef Gung'l, Schreiben vom 2. November 1867
11) Ebenda
12) Ebenda
13) Ebenda – fl (= Florin) steht für Gulden; kr für Kreuzer. 1 Gulden hatte 60 Kreuzer, 30 kr. waren demnach 1/2 Gulden

Gung'l versicherte schließlich neben anderen Verpflichtungen auch, daß er die Mitglieder der alten Badkapelle gerne übernehmen wolle, *„insofern dieselben in ihren Leistungen"* den Anforderungen entsprächen.[14]

In Reichenhall hat man nicht lange gezögert und offenbar in allen Punkten Einverständnis signalisiert. Darauf berichtet Gung'l schon im Januar 1868, daß die Reichenhaller Kapelle bereits komplett wäre, weil er in Nürnberg *„18 der besten Mitglieder"* des dortigen *„Theaterorchesters"* engagiert hätte. Den vormaligen Kapellmeister, den Reichenhaller Stadtthürmer L a n d r i c h i n g e r, habe er jedoch abweisen müssen, da dieser für sich und seine Leute *„so unverschämt in seinen Forderungen"* gewesen wäre[15].

Schon 14 Tage später, am 6. Februar 1868, kam es zwischen Josef G u n g'l und dem Badcomitee, das allerdings vom Badkommissariat vertreten wurde, zur Vertragsunterzeichnung und dieses Datum begründet, wie schon an anderer Stelle zum Ausdruck gebracht wurde[16], die eigentliche Orchestertradition in Bad Reichenhall.

Dieser erste Vertrag von 1868[17] soll hier im vollen Wortlaut wiedergegeben werden:

Vertrag zwischen dem Musikdirektor Herrn Josef Gung'l in München als Übernehmer der Bademusik des Kurortes Reichenhall einerseits und dem Bade-Comitee Reichenhalls vertreten durch das kgl. Badkommissariat andererseits.

§ 1
Herr Musikdirektor Josef Gung'l in München übernimmt die Bademusik des Kurortes Reichenhall für die Saison 1868 unter nachstehenden Verpflichtungen..

§ 2
Derselbe stellt ein Orchester von 18 Mann, bestehend aus etc. Brief (gemeint ist die von Gung'l vorgeschlagene Besetzung; vgl. oben).

§ 3
Dieses Orchester spielt vom 15. Mai bis 15. September ohne Rücksicht auf die Zahl der Kurgäste und zwar täglich von Morgens 6 - 8 Uhr und Abends 5 - 7 Uhr.

§ 4
Die Musik spielt jeden Morgen im Kurgarten des Bades Achselmannstein, Abends in ebendemselben mit Ausnahme von jedem Dienstage und Freitage, an welchen Tagen die Abendmusik im Bade Kirchberg zu spielen hat, beziehungsweise am darauffolgenden Tage, wenn einer dieser Tage von Herrn Gung'l als der ihm eingeräumte freie Tag gewählt wird.

---

14) Ebenda
15) AKV, Josef Gung'l, Schreiben vom 23. Januar 1868. Landrichinger spielte dementgegen, wie noch dargestellt werden wird, doch in Gung'ls Kapelle und auch der nachfolgende Kapellmeister Hünn hatte den Wunsch des Badkommissärs zu respektieren und ihn zu übernehmen.
16) Christian Simonis, Das Philharmonische Orchester Bad Reichenhall 1868 - 1990, in „100 Jahre Bad Reichenhall", 1990, S. 97
17) AKV, 1868, Vertrag etc.

Erster Vertrag zwischen Josef Gung'l und dem Badcomitee resp. dem Badkommissariat vom 6. Februar 1868 (Ausschnitt).

§ 5

Musikdirektor Gung'l kommt in jeder Woche einmal nach Reichenhall, um in eigener Person die Abendproduktion zu dirigieren.

§ 6

Derselbe behält sich alle vierzehn Tage einen Tag für seine Kapelle frei, an welchem Tage die übliche Abendproduktion wegfällt.

§ 7

Derselbe stellt ferner an einem Abend in jeder Woche zu den herkömmlichen Reunions im Kursaale des Bades Achselmannstein eine entsprechende Musik.

§ 8

Dagegen verpflichtet sich das kgl. Badekommissariat im Namen des Bade-Comitee, von jedem Kurgast, welcher die Badetaxe zu entrichten hat, eine Musiktaxe im Betrage von 3 fl. für das Haupt der Familie, von 1 fl. für jedes weitere Familienglied und von 30 kr. für Kinder und Dienstboten per Kopf zu erheben und diese Taxe für den Herrn Musikdirektor Gung'l, welcher sonst keinerlei Honorar beanspruchen kann, einzukassieren, wogegen dem Rechnung stellenden Badekommissariats Kanzlisten 1% Tantiemen von Herrn Gung'l bewilligt werden.

Zugleich verpflichtet sich das kgl. Badekommissariat, dem Herrn Gung'l eine entsprechende Lokalität zu Proben für die Kapelle zur Verfügung zu stellen.

Reichenhall, den 6. Februar 1868

Da Gung'l sein Reichenhaller Orchester bereits vor Saisonbeginn unter Vertrag hatte, ist es wenig verwunderlich, wenn er es Anfang Mai 1868 zusammen mit seiner eigenen Kapelle wiederholt dem Münchener Publikum vorführte, z. B. in der *„Westendhalle"* und im *„Englischen Café",* wie wir aus Ankündigungen im *„Münchner Anzeiger"* wissen. Auf dem Programm stand u.a. die *„Doppel-Symphonie für zwei Orchester"* von Louis Spohr. Simonis führt dazu aus, daß diese Musikauswahl zugleich demonstriere, daß diese Musiker durchaus in der Lage waren, neben Unterhaltungsmusik auch Symphonisches zu meistern[18].

Die zweite Saison und Gung'ls Abschied

Der musikalische Kursommer des Jahres 1868 unter der Stabführung Gung'ls bzw. seines Konzertmeisters scheint gut und zu aller Zufriedenheit verlaufen zu sein, denn es gibt keine Hinweise für eine andere Einschätzung. Dafür spricht auch die Erweiterung des Orchesters auf 21 Musiker sowie die anstandslose Erneuerung

---

18) Christian Simonis, a. a.O., S. 97

WESTENDHALLE.

Heute Montag

Erstes Concert von J. Gung'l

mit seiner Kapelle,

vereinigt mit der **Reichenhaller Kurkapelle.**

Anfang 8 Uhr. Entrée 18 kr.

Englisches Café.

Heute Dienstag

Zweites Concert von J. Gung'l

mit seiner Kapelle,

im Vereine mit der **Reichenhaller Kurkapelle.**

Anfang 7 Uhr. Entrée 18 kr.

Nächsten Freitag den 8. Mai: Soirée musicale in der Westendhalle, wobei zur erstmaligen Aufführung kommt: „Irdisches und Göttliches im Menschenleben", Doppel-Sinfonie für 2 Orchester von L. Spohr.

Zwei Konzertankündigungen in dem „Münchner Anzeiger". Die obere Anzeige erschien am 4. Mai, die untere am 5. Mai 1868.

des Vertrages im Folgejahr, die zudem erst bei Saisonbeginn zustandekam [19]. Die Bedingungen für Gung'l gestalteten sich darin sogar noch großzügiger. Mußte der Musikdirektor laut Vertrag von 1868 noch *„jede Woche einmal"* nach Reichenhall kommen um *„in eigener Person"* die Abendproduktion zu dirigieren, so war ihm die Präsenz fast freigestellt, wenn man 1869 formulierte *„Herr Gung'l kommt von Zeit zu Zeit nach Reichenhall um in eigener Person Produktionen zu dirigieren"* [20].

Mitten in der Saison des Jahres 1869 gab es jedoch einen Wechsel in der Person des Badkommissärs. Auf Adalbert Freiherr von Harold folgte Julius Freiherr von Auer. Zwischen Gung'l und diesem neuen Beamten [21] scheint es möglicherweise zu Spannungen gekommen zu sein, wohl im Zusammenhang mit dem plötzlichen Entschluß des Badkommissariats, die laufende Saison um 14 Tage zu verlängern [22]. Gung'l mußte sich dabei verpflichten, für die erweiterte Saison, nämlich für die Zeit vom 16. - 30. September *„eine Bademusik von 8 Mann zu den bisher üblichen Produktionen sowie zu den Reunions"* zu stellen. Dafür sollte er zu den Einnahmen aus der Musiktaxe eine pauschale Vergütung von 100 Gulden erhalten [23]. Diese Vereinbarung enthielt für Gung'l ein gewisses Risiko, denn das Gros der Kurgäste war erfahrungsgemäß bereits abgereist und die Einnahmen deshalb ungesichert; 8 Musiker kosteten für 14 Tage aber immerhin etwa 240 Gulden [24].

In diesen Umständen mag der Grund für eine Abkühlung der Beziehungen zwischen Josef Gung'l und dem Badkommissariat gelegen haben, auch wenn in den Akten darüber nichts zu finden ist. Es kam lediglich im Folgejahr zu keinen Kontakten mehr und das Badkommissariat mußte sich um einen neuen Kapellmeister bemühen.

In einem Schreiben, das nahezu 10 Jahre später datiert, als nämlich Gung'l seinen Schwiegersohn Gustav Paepke als Dirigenten empfahl, versuchte er klarzumachen, damit *„einem Gerede in Reichenhall"* die Spitze genommen würde, daß sein seinerzeitiger Weggang freiwillig und nicht die *„Folge eines Zerwürfnisses"* gewesen wäre. *„Ich kann mich nicht erinnern,"*, schrieb Gung'l, *„jemals auf irgendeine Weise Ihre Unzufriedenheit erregt zu haben!"* [25]

---

19) AKV, 1869, Vertrag etc., vom 15. Mai 1869
20) Ebenda
21) Die Beamten wurden damals vom Kgl. Bezirksamt Berchtesgaden gestellt und verwalteten als „Exponierte Bezirksamtsassessoren" das Reichenhaller Badkommissariat
22) AKV, 1869, Vermerkung vom 19. August 1869
23) Ebenda
24) Bei einer realistischen Gage von 30 Gulden pro Musiker gerechnet
25) AKV, 1878, Josef Gung'l, Schreiben vom 2. Oktober 1878

Neun Sommer mit Carl Hünn (1870 - 1878)
Biographische Anmerkungen [26)]

Carl Hünn wurde am 11. Mai 1831 im fränkischen Langenzenn geboren. Von Anfang an wurde er von der Hausmusik im Elternhaus geprägt. Vom Vater lernte er das Posaunespiel. Später schickte man ihn zur weiteren Förderung seiner musikalischen Begabung nach München, wo er Unterricht in Musiktheorie und an

Carl Hünn, Kgl. Bayer. Musikdirektor, übernahm 1879 im Alter von 39 Jahren die Leitung des Reichenhaller Kurorchesters. Bereits mit 48 Jahren zog er sich in das Privatleben zurück und widmete sich seinen musikalischen Interessen (Bayerische Armeemärsche). Das Foto entstand etwa um die Jahrhundertwende; Hünn lebte in Bad Reichenhall bis 1906.

---

26) Vgl. hierzu auch die Ausführungen von Christian Simonis, a.a.O. S. 97 ff

den Instrumenten Klavier, Violine und Klarinette erhielt. In München kam Hünn schließlich auch zur Militärmusik durch eine Verpflichtung bei der Kapelle des berühmten Kgl. Bayer. 2. Infanterieregiments „Kronprinz". Hier brachte er es bis zum Musikmeister (1858). Im Alter von erst 30 Jahren mußte er aus gesundheitlichen Gründen den Militärdienst aufgeben und im zivilen Bereich seine berufliche Aufgabe suchen. Carl Hünn fand sie in Landshut, wo er als Musikdirektor die Leitung der Stadtkapelle übernehmen konnte. Da diese Stellung nur für die Wintermonate (Konzertsaison) Arbeit bot, war er glücklich, daß er ab 1870 als Leiter des Kurorchesters in Reichenhall auch für den Sommer ein reiches Tätigkeitsfeld fand. Im Frühjahr 1871 siedelte er nach Kaufbeuren um. Die neue Stellung als Musiklehrer und Städtischer Musikdirektor bot ihm ein höheres Einkommen und kam ihm auch in anderer Hinsicht gelegener. In Reichenhall wirkte er bis 1878, um sich sodann ganz ins Privatleben zurückzuziehen. Carl Hünn lebte noch fast drei Dezennien in Reichenhall. Seine private Tätigkeit als Rentenverwalter der Freifrau von Lotzbeck sicherte sein Auskommen und gab ihm Freiraum für seine künstlerischen Aktivitäten. Von seinen zahlreichen Kompositionen ist nur wenig erhalten geblieben; ein Teil findet sich im Repertoire des Philharmonischen Orchesters (Simonis). Hünn machte sich aber auch einen Namen als Sammler historischer bayerischer Armeemärsche. Carl Hünn starb am 18. Januar 1906 in Bad Reichenhall und liegt im Friedhof St. Zeno.

Der Nachfolger

Nach Gung'l wurde Carl Hünn zum musikalischen Leiter der Kurkapelle berufen. Der amtierende Musikdirektor der Landshuter Stadtkapelle hatte sich schon 1868 in Reichenhall beworben und unter Darstellung seiner Erfahrungen und seiner Qualitäten darum gebeten, doch „... *unter gleichen Bedingungen wie an Herrn Gung'l, Leitung und Besetzung der Curmusik in Reichenhall ...*" übertragen zu bekommen [27]. Damals war die Zeit jedoch noch nicht reif. Ein Jahr später, die Saison war gerade vorüber, gestaltete sich die Situation günstiger. Dieses Mal teilte Hünn in seinem Bewerbungsschreiben mit, in Erfahrung gebracht zu haben, daß Gung'l in der kommenden Saison nicht mehr zur Verfügung stände, weil dieser nach St. Petersburg ginge und deshalb er, Hünn, seine „*Dienste als Kapellmeister*" anzubieten gedenke [28]. Der Kontakt zwischen Hünn und dem Badkommissariat kam bald darauf zustande, nicht zuletzt auch deshalb, weil der Musikdirektor in dem Bezirksamtsassessor Max Aigner einen Fürsprecher fand, der ihn kollegial empfahl: „*... erlaube ich mir ... den genannten Bewerber ... zu empfehlen und glaube dies mit einiger Beruhigung tun zu können, da der Name Carl Hünn in der musikali-*

27) AKV, 1868, Carl Hünn, Schreiben an den Bezirksamtmann vom 5. September 1868
28) AKV, 1869, Carl Hünn, Schreiben an den Hotelier Rinck (Achselmannstein) vom 8. Oktober 1869
    (Hünn wußte nicht an welche genaue Adresse er seine Bewerbung richten sollte und bat um Hilfestellung!)

schen Welt kein Unbekannter ist ..."[29] Man kam ins Gespräch.

Einer der großen Nachteile Gung'ls war, daß dieser wegen seiner anderen Verpflichtungen nur sporadisch in Reichenhall weilte. Hünn dagegen konnte in die Waagschale werfen, die ganze Saison über persönlich anwesend zu sein. Aber er gedachte sich auch in anderer Hinsicht von Gung'l zu unterscheiden, dem er unterstellte, daß er mit dem Orchester nur Geld habe verdienen wollen: *"... und würde diesen Wirkungskreis nicht à la Gung'l als pure Geschäfts-, sondern in erster Reihe als Ehrensache behandeln!"*[30]

Noch im Laufe des Monats Dezember waren die gegenseitigen Bedingungen und Verpflichtungen abgesteckt. Hünn erhielt die gleichen Arbeitsbedingungen wie Gung'l, und man hatte von seiten des Badkommissariats auch nichts gegen eine Aufstockung des Orchesters um eine Person auf 22 Musiker. Interessant bei der seinerzeitigen Korrespondenz ist besonders die Tatsache, daß sich der Badkommissär dafür einsetzte, daß der frühere Leiter der Bademusik, Konrad Landrichinger, von Hünn bei der Besetzung des Orchesters berücksichtigt würde: *"... daß der hiesige Stadtthürmermeister Landrichinger, welcher in früheren Jahren die Kapelle besorgt und während Gung'ls Leitung für die 1. Violin mit 60 fl.* (= Gulden) *monatlich engagiert war, auch in Zukunft gleiche Verwendung in der Kurkapelle finden soll!"*[31] und kurz darauf noch einmal: *"...schließlich füge ich noch bei, daß Thürmermeister Landrichinger außer Violin auch Flügelhorn spielt, somit abwechselnd auch in der Blasmusik Verwendung finden kann!"*[32] Hünn hat Landrichinger in der Tat übernommen, doch kam er mit den Nürnberger Musikern, die vormals ebenfalls unter Gung'l musizierten, nicht zurecht: *"...ich erhielt von diesen Herren schon einige Briefe und in jedem derselben verlangten dieselben Gagenerhöhung sowie Extrahonorierung der allwöchentlichen Reunions, was ich jedoch nicht zu leisten vermag, will ich nicht ein schlechter Haushalter sein..."*[33] Im Januar 1870 kam es endlich zum Vertragsabschluß[34].

Vergleicht man den Vertrag Hünns mit dem Gung'lschen Vertrag, so fällt schon rein optisch auf, daß sich der Umfang des Vertragstextes vermehrt hat. Aus ehemals acht mageren Paragraphen (vgl. oben) wurden dreizehn. Manches wurde aufgenommen was vorher nicht ausdrücklich fixiert war, z. B. die Instrumentierung (für 22 Musiker) sowie der Umstand, daß das Orchester aus seinen Mitgliedern auch ein *"Blechmusik-Nonett"* zu bilden im Stande sein müsse, um Abwechslung zur Harmoniemusik zu haben. Weiterhin gehörte zu den neuen Bedingungen, daß das Orchester drei mal während der Saison *"bei besonderen Anlässen"*, auch außerhalb der fest vereinbarten Zeiten und *"ohne Sistierung"* der gewöhnlichen Bademusik zum Einsatz gelangen konnte. Natürlich wurde nun auch das persönliche

29) AKV, 1869, Max Aigner, Schreiben an das Badkommissariat vom 11. Oktober 1869
30) AKV, 1869, Carl Hünn, Schreiben vom 10. Dezember 1869
31) AKV, 1869, Badkommissariat, Schreiben vom 17. Dezember 1869
32) AKV, 1869, Badkommissariat, Schreiben vom 21. Dezember 186.
33) AKV, 1869, Carl Hünn, Schreiben vom 30. Dezember 1869
34) AKV, 1870, Vertrag zwischen dem Badkommissariat und Musikdirektor Carl Hünn vom Januar 1870

Dirigat Hünns zum Bestandteil des Dienstvertrages wie auch die Saisonverlängerung bis Ende September, die, wie bereits dargestellt, wohl zur Verstimmung mit Gung'l geführt hatte.

Hünn konnte nun mit den Engagement-Verhandlungen beginnen. Dabei mußte er die Erfahrung machen, doch wesentlich mehr Geld für die Musiker-Gagen zu benötigen als er eigentlich aufwenden wollte. Im April 1870 berichtete er über den Stand der Dinge: „...*Ich habe nicht nur sehr gute Orchesterkräfte genommen, sondern auch für ein gutes Blech-Nonett Vorsorge getroffen...*" und weiter: „*Mein Gagen-Etat beläuft sich leider höher als der des Herrn Gung'l, indem in Anbetracht der teueren Lebensverhältnisse in Reichenhall nur durch durchwegs hohe Gagen gute Kräfte zu gewinnen waren...*" [35]

Trotz aller guten Vorbereitungen stand allerdings Hünns erste Sommersaison unter keinem guten Stern. Der Ausbruch des Krieges mit Frankreich im Juli 1870 machte sich im Kurgastbesuch empfindlich bemerkbar. Die Ankünfte reduzierten sich um mehr als 25% [36] und folglich auch die Einnahmen der Musiktaxkasse.

Der siegreich verlaufene Feldzug und die Gründung des Deutschen Reiches nebst der Kaiserproklamation im Folgejahr (18.1.1871) zeitigten allerdings eine allgemeine Aufbruchsstimmung in Deutschland, die letztlich eine gute Saison erwarten ließ. Hünn konnte also für seine weitere Tätigkeit recht zuversichtlich sein, was sich auch in der Vergrößerung des Orchesters um einen Musiker auf nunmehr 23 Mann zeigte: „*Ich verstärke die Capelle um 1 Geiger sodaß die 1. Violine 4-fach besetzt ist; ich glaube sohin nicht leere Versprechungen zu machen wenn ich die ... Versicherung zu geben mir erlaube, daß für diesen Sommer die orchestralen Leistungen gewiß nichts zu wünschen übrig lassen werden...*" [37]

Als jedoch zu Beginn der Saison noch immer die deutschen Truuppen in Frankreich standen und kein Friede in Sicht schien, klagte er ein wenig resigniert: „*Wenn nur die leidige Franzosenbalgerei, welche die Rückkehr der deutschen Armee auf unbestimmte Zeit verzögert, unseren gehegten Erwartungen nicht großen Eintrag thut!*" [38] Doch der Friedensvertrag kam bereits wenige Tage später zustande und die Saison 1871 brachte mit 5055 Kurgästen in Reichenhall ein Rekordergebnis.

Auch das Jahr 1872 endete mit einem neuerlichen Spitzenergebnis (5076 Gäste). Hünn galt als etabliert und so wurde sein Vertrag nun gleich für drei Jahre verlängert (1873-75) [39]. Das Orchester verblieb zwar bei der Standardbesetzung von 22 Musikern, doch galt nun die Maßgabe, es während der Monate Juli und August einer jeden Saison um zwei Musiker (erste Geige, Cello) zu verstärken. Da man weiterhin mit steigenden Einnahmen in der Musiktaxkasse rechnete, wurde laut

---

35) AKV, 1870, Carl Hünn, Schreiben vom 27. April 1870
36) 1869 = 4025 Kurgäste; 1870 = 2941 Kurgäste
37) AKV, 1871, Carl Hünn, Schreiben vom 24. März 1871
38) AKV, 1871, Hünn, Schreiben vom 2. Mai 1871
39) AKV, 1872, Hünn, Vertrag vom September 1872

Vertrag, H ü n n s Anteil daran insofern begrenzt, als er von der Summe die 8000 Gulden übersteigen sollte, 50% an die Badtaxkasse zurückzuzahlen hatte[40]. Zwar mußten im Jahr 1873 leichte Einbußen bei den Kurgastzahlen hingenommen werden, doch niemand konnte in diesem Rückgang den Beginn einer Rezession erkennen, die schließlich bis zum Ende der 70er Jahre dauern würde. (Die Rekordergebnisse von 1871/72 wurden in Reichenhall sogar erst im Jahre 1885 wieder erreicht und überschritten!). So ist es nicht verwunderlich, wenn Pläne zum weiteren Ausbau des Orchesters geschmiedet wurden.

Ein größeres Orchester ist nicht finanzierbar

Mit Beginn des Jahres 1874 trat ein neuer Badkommissär seinen Dienst in Reichenhall an, Ludwig Freiherr v o n W e l s e r. Dieser Beamte schien in ganz besonderer Weise an der Kurmusik interessiert gewesen zu sein, denn seine ersten Amtshandlungen galten dem Ziel, das Orchester zu vergrößern.

Schon im Januar nämlich bekam der Musikdirektor den Auftrag, die Kosten *„für eine aus 27 Mann bestehende Conzert-Capelle"* festzustellen und einen entsprechenden Etat zu erarbeiten[41]. Hünn errechnete nun Gesamtkosten von rund 10.000 Gulden[42], einen Betrag jedenfalls, der sich aus den seinerzeitigen Musiktaxeinnahmen (ca. 8-9000 Gulden bei 5000 Kurgästen) auf keinen Fall finanzieren ließ. Man dachte also über eine Erhöhung der Musiktaxe nach, und das in Kurmusik-Angelegenheiten beratende Bad-Comitee glaubte mit der Erhöhung der Musiktaxe um 1 Gulden für die Hauptperson[43] das Problem lösen zu können. In seinem *„Bericht"*[44] an die Regierung von Oberbayern skizzierte der Badkommissär die Situation, begründete den Wunsch nach einer Erhöhung der Musiktaxe, um schließlich fast nebenbei die Absicht zu erwähnen, das Orchester personell verstärken zu wollen: Die *„Arbeiterbewegung"* habe auch unter den Musikern Platz gegriffen und so würden die Ansprüche von Jahr zu Jahr steigen und so müsse man schon in naher Zukunft mit einer monatlichen Durchschnittsgage pro Musiker von 75 Gulden rechnen – ein Betrag andererseits, wie W e l s e r ergänzte, mit dem *„ein Fremder"* während der Kurzeit in Reichenhall *„ganz bescheiden"* leben müsse. Um bestimmte Stimmen doppelt besetzen zu können habe man schon jetzt von Fall zu Fall die Kapelle auf 23 bis 25 Musiker verstärkt, doch *„eine Vermehrung ... auf 27 Mann wäre dringend erwünscht!"* Der Badkommissär unterstrich dabei ganz besonders, daß die Musik in Reichenhall eine wichtige Rolle spiele und eigentlich unverzichtbar sei: Das Orchester wäre *„eine der wenigen Unterhaltungen"* welche Reichenhall seinen Gästen überhaupt biete und seine Erhaltung auf bisheriger Höhe, wenn eine Verbesserung nicht möglich, sei geradezu *„eine Lebensfrage für den Curort"*[45].

---

40) Ebenda
41) AKV, 1874, Hünn, Etat für eine aus 27 Mann bestehende Conzert-Capelle ..., vom Januar 1874
42) Der genaue Betrag lautete 9935 fl. 54 kr.
43) Der Einzelgast oder das „Haupt" einer Familie hatte seinerzeit eine Gesamtkurtaxe von 6 Gulden (bestehend aus 3 fl. Badtaxe und 3 fl. Musiktaxe zu entrichten. Durch Erhöhung der Musiktaxe um 1 fl. stieg folglich die Gesamtkurtaxe auf 7 Gulden, was etwa (1 fl mit ca. DM 20,- gerechnet) DM 140,- nach heutiger Kaufkraft entspräche.
44) AKV, 1874, Bericht zur kgl. Reg. von Obb. vom 4. Februar 1874
45) Ebenda

Besetzungsvorschlag für das neue Orchester mit 27 Musikern (1874) aus der Hand des Badkommissärs von Welser, die dem Musikdirektor Hünn lediglich zur Korrektur vorgelegt wurde. Hünn verstärkte die Hörner (Corni) von 2 auf 3 und beließ es bei einer Posaune.

Als die Genehmigung zur Erhöhung der Musiktaxe erteilt worden war, stieg der Musiketat, der Hünn vertraglich zugebilligt wurde, nun auf 10.000 Gulden, wiederum mit der Auflage, darüberhinausgehende Einnahmen zu 50% zurückzubezahlen. Das Orchester wurde mit einem Personalbestand von 27 Musikern festgesetzt[46]. Interessanterweise hat sich aus dieser Zeit ein Besetzungsvorschlag in Form einer Notiz aus der Hand des amtierenden Badkommissärs von Welser erhalten, der dem Musikdirektor lediglich zur Korrektur vorgelegt wurde[47].

Nun brachte das Jahr 1874 jedoch weitere Rückgänge der Kurgastzahlen und somit auch Einbußen, die alle vorausgegangenen Überlegungen ad absurdum führten. Trotz der Erhöhung der Musiktaxe konnte die kalkulierte Einnahmehöhe von 10.000 Gulden nicht erreicht werden. Hünn hatte ein Defizit von 1000 fl. hinzunehmen und da überdies sein eigener Verdienst in dem von ihm erstellten Musiketat nicht enthalten war, gestalteten sich diese Umstände zu einem persönlichen Fiasko. In einem ausführlichen Schreiben an das Bad-Comitee legte der Musikdirektor sein Mißgeschick dar: Er sei davon ausgegangen, daß der vertraglich vereinbarte Musiketat von 10.000 Gulden auf jeden Fall garantiert gewesen wäre, um so mehr, als dieser „...*nicht im entferntesten einen nur einigermaßen entsprechenden Lohn für die unsäglichen Mühen, Leistungen und Opfer eines Musikdirektors...*" enthielte[48]. Hünn bat, den Fehlbetrag auf 10.000 fl. zu ergänzen und den Musiketat künftig in der genannten Höhe zu garantieren.

„*Nur in dieser Weise ist es möglich*", schrieb er, „*einen festen ... Vertrag zu schaffen, welcher die Cur-Capelle als einziges Vergnügungs- und Unterhaltungsobjekt für die Curgäste vor Verfall sicher stellt...*"[49].

Es kam aber ganz anders. 1875 wurde das Orchester wieder auf 22 Mann reduziert. Der Zeitpunkt, das Ensemble zu verstärken, hat sich durch die Rezession als ungünstig erwiesen; das Experiment war gescheitert. Es sollte noch mehr als zehn Jahre dauern, bis unter Gustav Paepke wieder daran gedacht werden konnte, den Klangkörper auszubauen. Im Jahr 1875 trat aber auch für Hünn in anderer Hinsicht eine Änderung seiner vertraglichen Gegebenheiten in Kraft. Er erhielt nämlich ab diesem Zeitpunkt ein festes Gehalt und damit war eigentlich sein Status als freier Musikunternehmer beendet. Carl Hünn hat dies selbst auch so gesehen:

„*Durch den neuen Musikvertrag hat das bisherige Verhältnis eines Musikunternehmers in meiner Person sich dahin verändert, daß an die Stelle des Unternehmers nunmehr das hochverehrte Badecomité getreten – und ich bloß mehr als artistischer Leiter zu fungieren habe!*"[50]

---

46) AKV, 1874, Abänderung vom Mai 1874 zum Vertrag zwischen Hünn und dem Badkommissariat vom September 1872
47) AKV, Archivstück undatiert, wohl Frühjahr 1874, (vgl. Abbildung links)
48) AKV, 1874, Carl Hünn, Schreiben vom 8. September 1874
49) Ebenda
50) AKV, 1874, Carl Hünn, Schreiben vom 26. Dezember 1874

Musikdirektor H ü n n hat sich mit dieser grundlegenden Änderung seiner Arbeitsbedingungen ganz offensichtlich einverstanden erklärt, wohl durch die Höhe des Gehaltes, sonst wäre es nicht noch im selben Jahr 1875 zu einer weiteren Verlängerung des Vertrages – wiederum für die drei Folgejahre 1876-1878 – gekommen. Als Gehalt für den Kapellmeister wurde dabei die Summe von 2600,– Mark pro Saison (= 4,5 Monate) festgesetzt (inzwischen war die Währungsumstellung[51] vom Gulden zur Mark gekommen!), ein Betrag der als exklusiv gelten kann, wenn man bedenkt, daß vier Jahre später der junge Gustav P a e p k e nicht einmal die Hälfte erhielt und Jahrzehnte brauchte um diese Summe zu erreichen und zu übersteigen. Zum Einkommen zählte auch noch ein sogenanntes „Aversum" (Kostenentschädigung) in Höhe von 400,– Mark (200,– Mk für die Anschaffung von Musikalien und weitere 200,– Mk für andere Kosten, etwa für die Anschaffung, Reparatur oder den Transport der Instrumente etc.).

So kamen die letzten drei Jahre Hünns, die, wie sich aus den Archivalien entnehmen läßt, zunehmend von Spannungen und Streitereien gekennzeichnet waren. Die schlechten Saisons trübten ganz allgemein die Stimmung.

Die Musikalien

Gehörte es vormals zu den Selbstverständlichkeiten, daß Orchester-Unternehmer auch für die „Musikalien" ihres Ensembles verantwortlich waren, das heißt für die einzelnen Instrumental-Stimmen eingerichtetes und abwechslungsreiches Notenmaterial zu sorgen hatten, so wurde dieser Umstand seit der Vertrags-Novellierung von 1875 zum festen Bestandteil der vertraglichen Vereinbarung. Wie schon erwähnt erhielt der Kapellmeister seit 1875 ein Festgehalt und dazu ein sogenanntes Aversum, um solche zusätzlichen Ausgaben zu bestreiten.

Aus dem Jahre 1875 hat sich die Zusammenstellung[52] eines solchen Musikalien-Einkaufs erhalten. Die Listen weisen die Titel von 83 Musikstücken auf, für deren Noten Hünn seinerzeit 350 Gulden bezahlt hatte. Nach den Vorstellungen des Bad-Comitees sollten derart gekaufte Musikalien in das Eigentum des Badkommissariats übergehen. Dagegen wehrte sich nun Kapellmeister H ü n n energisch. Mit der Beschaffung solcher Musikalien war es ja in den meisten Fällen nicht getan. In einem Schreiben[53] an das Bad-Comitee stellte H ü n n heraus welche Arbeit damit noch verbunden war. H ü n n s Ausführungen sind dabei so klar, daß sie ohne weitere Interpretationen im Originaltext zitiert werden können:

„...Nun sind gerade die notwendigsten und wertvollsten Orchesterwerke für eine Bade-Capelle im Musikhandel nicht zu haben, weil solche Handlungen nur Tanz-

51) Der Wechselkurs orientierte sich am preußischen Thaler (= 3 Mark) und taxierte den Bayerischen Gulden (= 1,6 Mark) unter Wert
52) AKV, 1875, die von Hünns Hand angefertigten vier Blätter sind undatiert (vgl. Abbildung rechts)
53) AKV, 1874, Carl Hünn, Schreiben vom 26. Dezember 1874

Nr.		fl	Xr
1.	Ungarische Rhapsodie in C moll v. Liszt geschrieben	10	
2.	— in B Dur gedruckte Partitur mit geschriebenen Stimmen	10	
3.	Rigoletto Fantasie, geschrieben Orchester-Stimmen	10	-
4.	Blum russische Klänge, Fantasie v. Reinbold, gesch: Stimmen	4	
5.	Ein Traum in Blumen / Vöglein im Wald } 2 Fantasien v. Alb: Jungmann	6	
6.	Fest-Reigen v. Rud: Schachner	10	-
7.	Ouverture z. O. Rouslane u. Ludmilla v. Glinka geschrieben Stimmen	4	
8.	Drei russische Tänze a. J. O. Das Leben für den Czaar v. Glinka geschriebene Stimmen	10	-
9.	Ungarischer Tanz v. J. Brahms geschrieben Stimmen	3	
10.	In d. Schmiede, Tonstück v. Alb: Jungmann	2	30
11.	Marsch Potpourri v. Seidenglanz	4	-
12.	Metamorphosen Potp: v. Schreiner	4	-
13.	Musikalische Täuschungen Potp. v. Schreiner	4	
14.	Aus dem Reiche der Töne v. Clarens	4	
15.	Terzett für 2 Tromp. u. Posaun Solo v. Coal	3	-
16.	Im russischen Dorfe Fantasie v. Joh: Strauß	4	
17.	Mädchen Traum, Tonbild v. Fr. Schreiber	2	30
		95	-

Musikalieneinkauf 1875 durch Carl Hünn. Handschriftliche Registrierung (Ausschnitt).

und klassische Originalwerke besitzen. Es müssen obenbenannte Orchesterwerke aus Opern ausgezogen und zu Divertissements und Potpourris zusammengestellt, erst eigens für das Orchester bearbeitet werden. Eine einzige solche Piece erfordert oft bei täglich stundenlanger, mühesamer Arbeit 3 - 4 Wochen zu deren Vollendung. Nach Vollendung der Partitur muß, um die Aufführung zu ermöglichen, die Partitur in so viele Stimmen herausgeschrieben werden als das Orchester Stimmen zählt und belaufen sich die Copialgebühren eines einzigen Werkes oft auf 12 - 15 Gulden ohne Berechnung des hierzu nötigen Papiers. Solche Piecen haben hingegen schon deshalb den größeren Wert, weil andere Capellen dieselben nicht haben...[54]

Hünn konnte sich mit seinen Darlegungen durchsetzen. Künftig blieben die angekauften Musikalien, trotz der Aversialaufwendungen des Badkommissariats, Eigentum des Kapellmeisters.

Es existieren aus den Jahren Carl Hünns zwar keine Konzertprogramme, doch ist aus den jeweiligen Vertragstexten zu entnehmen, wann, wo und wie oft die Kurkapelle zu musizieren hatte. Von der Aufführung symphonischer Konzerte ist nichts bekannt, auch lassen sie sich angesichts der geringen Größe des Orchesters schwer vorstellen, doch scheint es Versuche und Ansätze dazu bereits gegeben zu haben.

Bei genauer Betrachtung der Musiktitel wie sie Hünn 1875 für sein Orchester erworben hatte, fällt auf, daß neben allerlei Tänzen, Quadrillen, Polkas, Märschen und natürlich Walzer, welche die Mehrzahl ausmachen, sich auch sogenannte *„Fantasien"* (Bearbeitungen) bekannter Ouvertüren oder Opern-Melodien wie *„Meistersinger-Fantasie"*, *„Rigoletto-Fantasie"* oder *„Erinnerung an C.M. v. Weber-Fantasie"* u. a. befinden. Originale symphonische Musik ist dagegen seltener. Die von Hünn erworbenen Werke der Wiener Klassik, wie *„die zehn ersten Symphonien"* von Joseph Haydn, die *„g-Moll-* und *C-Dur Symphonie"* von Mozart sowie die *„A-Dur Symphonie"* von Beethoven konnten wohl von seinem 22-Mann-Orchester gemeistert werden.

Der Bruch

Von den rückläufigen Kurgästezahlen während der 70er Jahre im Rahmen einer allgemeinen wirtschaftlichen Rezession wurde schon gesprochen. Dazu kamen andere Veränderungen im Kurort, die sich für das Geschehen in Reichenhall, insbesondere für die Arbeit des Orchesters, nachteilig auswirkten. Das „Curhaus" Achselmannstein, die Urzelle des Bades und langjährig renommiertes erstes Haus am Platze, mußte zu Beginn der 70er Jahre seine vormals unbestrittene Führungsrolle an das Kur- und Schloßhotel Kirchberg abtreten. Dieses neue Nobelhotel war

---

54) Ebenda

unter der Leitung des Arztes Dr. E. B a c h m a y e r , der erst 1864 sich dort niedergelassen hatte, zur ersten Adresse aufgestiegen. Bereits 1871 hatte es, gemessen an den Gästezahlen, das alt gewordene Hotel Achselmannstein überholt[55]. Das Badkommissariat honorierte die Erfolge des Kirchberger Etablissements und ließ seit 1868 das Kurorchester zweimal in der Woche dort musizieren.

Als Hauptort für die Morgen- und Abendkonzerte des Kurorchesters galt jedoch der Kurgarten am Hotel Achselmannstein, wo bei schelchter Witterung auch der Molkensaal benutzt werden konnte. Dieser traditionelle Kurgarten Achselmannstein verlor allerdings seine alte Bedeutung als „die Wiesen an den Gradierhäusern"[56] zu einem neuen und großzügigen „Städtischen Kurgarten" umgestaltet wurden. Hier war im Jahre 1878 neben einer „Molkentrinkhalle" und einer „Gedeckten Wandelbahn" auch ein „Musik-Pavillon" entstanden, der fortan als die zentrale Konzertlokalität für das Orchester bestimmt wurde. Damit war gleichsam Achselmannstein als Spielort ausgeschlossen worden, was große Verstimmungen mit dem neuen Besitzer bewirkte[57].

Der neue Musik-Pavillon war jedoch zu Beginn der Saison 1878 noch nicht ganz fertiggestellt, entsprach jedenfalls nicht den Bedingungen, dort Kurkonzerte zu veranstalten. Das Badkommissariat verpflichtete daraufhin das Kurorchester, die täglichen Konzerte ausschließlich im Kurgarten von Kirchberg zu veranstalten. Auch wenn es sich hier nur um eine vorübergehende Improvisation von absehbarer Dauer gehandelt hatte, die täglichen, weiten und auch finanziell aufwendigen Wege nach und von Kirchberg verursachten so viel Ärger unter den Musikern, daß es vermehrt zu Unregelmäßigkeiten, verkürzten Spielzeiten, Abwesenheit des Dirigenten usw. kam. Eine Abmahnung des Kapellmeisters durch das Badkommissariat war unvermeidlich. Der Badkommissär v o n W e l s e r warf H ü n n u.a. vor, daß durch seine „öftere Abwesenheit" der Eindruck entstehe, daß den Produktionen in Kirchberg eine „geringere Bedeutung" zukäme[58]. Eine weitere Abmahnung kam bereits aus der Feder des neuen Badkommissärs Marquard v o n R e h l i n g e n , der damals gerade seinen Dienst in Reichenhall angetreten hatte:

„Vielfache Beschwerden veranlassen mich Herrn Adressaten auf § 2 des Vertrages aufmerksam zu machen, nach welchem die Kurkapelle täglich 4 Stunden ... zu spielen verbunden ist. Gegenwärtig spielt die Musik kaum 3 Stunden, weshalb ich um genaue Einhaltung der vertragsmäßigen Spielzeit ersuchen muß!"[59]

H ü n n antwortete umgehend und zeigte sowohl in der Form wie im Inhalt des Schreibens seine äußerste Erregung. Er geht darin auf die vormals guten Arbeitsbedingungen im Kurpark Achselmannstein ein und stellt fest:

---

55) Im Jahre 1871 wurden im Curhaus Achselmannstein 171 Gäste und im Schloßhotel Kirchberg 183 Gäste gezählt. Ernst Rinck, der erste Besitzer von Achselmannstein hat seinen Besitz im Jahre 1872 verkauft!
56) Die „Wiesen" an den ursprünglich salinarischen Gradierwerken, die allerdings bereits für Kurzwecke zur Verfügung standen, wurden seit 1870 nach und nach zu einem Kurgarten ausgebaut.
57) Im Kurpark Achselmannstein fanden bis zum Jahre 1884 keine Konzerte mehr statt.
58) AKV, 1878, Entwurf eines Schreibens „Geehrter Herr Kapellmeister...", ohne Datum, sign. v. W. (von Welser). Möglicherweise wurde dieses Schreiben nie abgesandt, da von Hünn keine Reaktion vorliegt
59) AKV, 1878, Badekommissariat, Schreiben vom 24. Mai 1878

„…Dem entgegen bietet man mir bis zum heutigen und weiß Gott auf wie noch lan-
ge, eine nach allen Seiten hin offene, der Zugluft, Regen und Sonne freien Spielraum
gewährende Musikhalle, unpraktisch nach allen musikalisch fachmännischen Be-
dürfnissen und kommandiert, weil sich alles noch im halbfertigen Zustande befin-
det, die Capelle täglich nach Kirchberg, ohnerachtet dieselbe in der Hauptsache für
Reichenhall engagiert ist…" [60]

Hünn meinte, daß die täglichen Mühen des Orchesters eher Anerkennung als Tadel verdienten und bedauerte, daß es *„genau bekannten Persönlichkeiten von hier"*
bereits gelungen wäre, den neuen Badkommissär gleich von Anfang seines Amts-
antritts an gegen ihn einzunehmen. Es wären die selben Kreise, so meinte Hünn
weiter, die es auch verstanden hätten, daß seine (Hünns) Meinung in der *„wich-*
tigsten Fachfrage" ignoriert worden wäre [61]. Hünn trieb schließlich die Sache auf
die Spitze, indem er darlegte, was er künftig zu tun oder lassen gedenke und stellte gleichsam seine Position zur Verfügung. Hier die Briefstelle im vollen Wortlaut:

„Diesem entgegen kann ich nur einem Kgl. Bad-Commissariate die Erklärung un-
terbreiten, daß ich jegliche derartige, nur von hiesigen bekannten Persönlichkeiten
gegen mich veranlaßte Beschwerde, mit dem Bemerken zurückzuweisen mich ge-
zwungen fühle, daß ich von Montag an, in Kirchberg nur mehr die wöchentlichen
zwei Conzerte spiele und zur Einhaltung zweistündiger Conzertzeit im Gradierpark
mich nur dann in der Lage befinde, wenn von Seite betreffenden Comités hinrei-
chender Schutz gewährleistet ist, daß die Herren der Capelle in Ausübung ihres
Künstlerberufes nicht Gefahr laufen müssen, Gesundheit und Leben aufs Spiel zu
setzen. Ist meine Berufstätigkeit dahier einem verehrlichen Bade-Comité nicht mehr
genehm so bin ich mit Vergnügen bereit, meinen Vertrag auf der Stelle als gelöst
zu erachten. Hochachtungsvoll – Einem Kgl. Bad-Commissariat ergebenster Carl
Hünn" [62]

Musikdirektor Hünn wurde in der Folge ermahnt, seinen vertraglichen Verpflichtungen, die nicht zuletzt ja auch beinhalten würden, daß Zeit und Ort der
Spielzeit vom Badkommissariat bestimmt werden könnten, nachzukommen, was
Hünn schließlich auch tat, auch wenn er es z. B. unterließ in Kirchberg persönlich aufzutreten. Trotz manch versöhnlicher Töne war der Bruch unübersehbar und
folglich auch klar, daß eine Vertragsverlängerung wohl für beide Seiten nicht mehr
in Frage kam. Das wird auch deutlich wenn man weiß, daß das Badkommissariat
bereits seit dem Frühjahr 1878 seine Fühler ausstreckte, einen Nachfolger für
Hünn zu finden. Carl Hünn blieb in Reichenhall, unterhielt mit seinem Nachfolger Gustav Paepke ein gutes Einvernehmen und stand dem Orchester in einer
Streitfrage auch einmal als Gutachter zur Verfügung.

---

60) AKV, 1878, Carl Hünn, Schreiben vom 25. Mai 1878
61) Hünn spielte auf den Bau des Musik-Pavillons an, der seit 1874 geplant wurde und bei dessen Projektierung
anfangs auch er eingeschaltet war
62) AKV, 1878, Carl Hünn, Schreiben vom 15. Mai 1878

Musikerkontrakte und Orchestergesetze

Mehrfache Spannungen, Meinungsverschiedenheiten mit dem Kapellmeister bzw. einzelnen Musikern, insbesondere bei Fehlauslegungen von Vertragsvereinbarungen, führten dazu, daß noch der Badkommissär von Welser seinen Kollegen in Kissingen, einen Herrn von Pappenheim, um Auskunft bat, wie etwa in Kissingen die Verträge mit den Kurmusikern gehandhabt und welche Gagen bezahlt würden usw. Als Antwort erhielt von Welser u.a. Formular-Vordrucke für Musiker-Engagements sowie ein gedrucktes Muster der in Kissingen geltenden „Orchester-Gesetze". Beide, sowohl Musikerkontrakt-Formulare wie auch die erwähnten Disziplinargesetze wurden in der Folgezeit auch in Reichenhall eingeführt. Unter Hünn kamen sie zwar nicht mehr zum tragen, doch Gustav Paepke hatte sich damit zu plagen. (Vergleiche auch Beilage)

Der Stern eines halben Jahrhunderts – Gustav Paepke (1879 - 1921)

Biographische Anmerkungen [63)]

Der Name Gustav P a e p k e wird wohl *„für immer mit der Geschichte Bad Reichenhalls verwoben bleiben"* – so formulierte rückblickend einmal der ehemalige Badkommissär Friedrich von Moreau. Und in der Tat, P a e p k e bewirkte in ungeheuerer Zielstrebigkeit und Tatkraft den Aufstieg des Kurorchesters zu einem Klangkörper beachtlicher Größe und hohem Renommee. In den 43 Jahren seiner aktiven Tätigkeit konnte er mit seinem Bad Reichenhaller Orchester manche Triumphe feiern, doch in den Jahren während und nach dem Ersten Weltkrieg mußte er, fast am Ende seines Weges angekommen, auch den Abstieg und die schließliche Agonie des Orchesters erleben.

Gustav P a e p k e wurde am 7. Juni 1853 in C r i v i t z bei Schwerin/Mecklenburg als Sohn eines Musikers geboren. Von seinem Vater erlernte das hochbegabte Kind das Geigenspiel und so war er bereits im Alter von 5 Jahren in der Lage, erste öffentliche Solodarbietungen zu absolvieren. Er genoß den Vorzug schon mit 11 Jahren das Konservatorium zu Leipzig besuchen zu dürfen, wo namhafte Musiker seine Lehrer waren und studierte schließlich an der Hochschule für Musik in Berlin u. a. bei dem weltberühmten Geiger Joseph J o a c h i m.

Nach dieser soliden Grundausbildung bekam er 1873, mit zwanzig Jahren, eine Anstellung als erster Geiger bei der Schweriner Hofkapelle. In diesem Ensemble stieg er 1878 zum Hofmusiker, 1886 zum Kammermusiker auf. Da P a e p k e in der Hofkapelle nur während der winterlichen Konzertsaison zu tun hatte, mußte die Möglichkeit, während der Sommermonate in Reichenhall als Kapellmeister und Dirigent des Kurorchesters zu wirken, recht verlockend gewesen sein.

Als er 1879 den Reichenhaller Dienst antrat hat er sicher nicht geahnt, daß er diese Position über vier Dezennien bis 1921 inne haben würde. Paepke schrieb im Laufe seines Künstlerlebens auch viele eigene Kompositionen, darunter sogar symphonische Werke. Von den zahlreichen Opernbearbeitungen, die er für das Orchester verfaßte, gehören einige noch heute zum festen Bestandteil des Konzertrepertoires [64)].

Der beliebte und hochverehrte Künstler, nach dem sogar 1923 eine Straße in Bad Reichenhall benannt wurde, verstarb, 80 Jahre alt, am 23. August 1933 und wurde mit großer Anteilnahme der Bevölkerung am Friedhof St. Zeno beigesetzt.

---

63) Vgl. hierzu auch die Ausführungen von Christian Simonis, a. a.O., S. 99 ff
64) Christian Simonis, a.a.O., S. 102

Neue Bedingungen für Dirigent und Orchester

Das Archiv der Staatlichen Kurverwaltung bewahrt noch heute über zwanzig schriftliche Bewerbungen aus dem Jahre 1878 um die vakante Kapellmeisterstelle in Reichenhall [65]. Darunter befindet sich auch die des damals 25 Jahre alten Gu-

Gustav Paepke, Großherzoglich Mecklenburgischer „Hofmusiker", im Alter von etwa 24 Jahren. Die Fotographie lag Paepkes Bewerbung bei.

---

65) AKV 1878

stav Paepke [66]. Paepke berief sich darin auf eine Empfehlung seines Schwiegervaters, *„des Kgl. Preuss. Musikdirektors Herrn Gung'l"*, schilderte Einzelheiten seines Werdeganges und seine Qualifikationen. Seine Anstellung als „Hofmusiker" des großherzoglichen Hoftheaters, so Paepke, würde ihn auf keine Weise hindern, da die Theaterferien es ihm ermöglichten, *„während der Badesaison"* in Reichenhall zu sein. Sollte die Theatersaison ausnahmsweise einmal bis zum *„halben Mai"* dauern, dann würde der Schwiegervater (Gung'l) zur Vertretung jederzeit bereit sein. Paepkes Bewerbung hatte in Reichenhall sofort Interesse geweckt, doch bevor man näher ins Gespräch kam, wurde der junge Mann aufgefordert noch weitere Auskünfte zu seiner Person zu geben und Referenzen zu benennen. Paepke teilte darauf u. a. mit, daß er bei Prof. Richter in Leipzig sowie Prof. Kiel in Berlin Harmonie- und Kompositionslehre studiert und in Hamburg bereits ein großes Konzert-Orchester geleitet hätte. Auch sein Vater hätte eine Musikdirektorenstelle im Mecklenburgischen inne und überhaupt sei er *„mit Musik aufgewachsen"*. Als Referenzen nannte Paepke die Herren Baron von Wolzogen, Kapellmeister Schmitt (seinen Vorgesetzten in Schwerin) und Kapellmeister Kücken [67]. Nach einer umfangreichen Korrespondenz [68], die von Paepke genannten Referenz-Persönlichkeiten wurden alle um Auskunft gebeten, war man schließlich einig, und so konnte am 23. Januar 1879 der Vertrag geschlossen werden [69].

Dieser Vertrag, der die Arbeitsbedingungen für den neuen Kapellmeister und sein Orchester beschrieb, war um ein Vielfaches härter als von den früheren Verträgen gewohnt. Er war ganz offensichtlich von den schlechten Erfahrungen diktiert, die man vor allem im Jahre 1878 mit Carl Hünn gemacht hatte. So hatte etwa der Dirigent *„alle Produktionen"*, also Promenade-Musiken, Konzerte oder auch die seinerzeit so beliebten „Reuniuons" (Gesellschaftsbälle) persönlich zu dirigieren und auch alle Proben selbst zu leiten. War er verhindert, etwa durch eine Krankheit, so hatte er *„auf eigene Kosten"* für eine Vertretung zu sorgen. Vorgeschrieben war dem Dirigenten auch, stets im schwarzen Gesellschaftsanzug mit Zylinder aufzutreten. Die Veranstaltungsorte wie auch die einzelnen Termine konnten wechseln und unterlagen ausschließlich den (auch kurzfristigen) Vorgaben des Kgl. Badkommissariats. Auch die Dauer der einzelnen Musikverpflichtungen konnte von den Überlegungen der Badbehörde abhängig gemacht werden. Der Kapellmeister hatte für die Beschaffung und Bereitstellung der Musikalien, also der Noten für die verschiedenen Stimmen zu sorgen, wobei erwartet wurde, daß stets auch die jeweils aktuellen Neuerscheinungen *(„Nova")* darunter waren. Der Orchesterleiter wie alle Musiker hatten sich im übrigen strengen Disziplinarvorschriften *(= Orchester-Gesetze)* zu unterwerfen, die, wie schon erwähnt, damals eingeführt wurden, und die die verschiedenen Unregelmäßigkeiten mit z. T. nicht unerheblichen

---

66) AKV, 1878, Gustav Paepke, Bewerbungsschreiben vom 7. Juli 1878
67) AKV, 1878, Gustav Paepke, Schreiben vom 18. Oktober 1878
68) Vgl. AKV, 1878. Hierher gehören auch die Briefe vom 24. Oktober und vom 26. November 1878
69) AKV, 1878, Vertrag mit Gustav Paepke vom 23. Januar 1879

Geldstrafen belegten. Der Kapellmeister hatte darüber hinaus eine Konventional-strafe in Höhe von 1000,– Mark zur Einhaltung des Vertrages anzuerkennen. Eine Besonderheit dieses Vertrages war auch, daß er einerseits die Musiker für 4 1/2 Monate (16. Mai - 30. September) zum Dienst verpflichtete, während das Bad-kommissariat andererseits *„zu jeder Zeit und ohne Entschuldigung"* alle Zusagen aufheben konnte. Genau besehen stand für die Musiker einem Katalog von Pflich-ten als einziges Recht nur der Bezug einer Entlohnung gegenüber. Als Honorar *„der sämtlichen Musiker"* war für 1879 die Summe von 11.000,– Mark festgesetzt. Dem Dirigent stand etwa das Doppelte der bestbezahlten Orchestermitglieder zur Verfügung, für Paepke war das ein Monatsgehalt von 250,– Mark (für 4 1/2 Mo-nate also 1125,– Mark), das aber nur bei *„genauer und pünktlicher Erfüllung al-ler Verpflichtungen"* am letzten Tag jeden Monats ausbezahlt wurde. Dazu kamen sogenannte *„Aversalentschädigungen"*, nämlich 200,– Mark zur Beschaffung von Notenmaterial sowie weitere 200,– Mark für andere Kosten. Da diese Beträge je-doch erst am Ende der Saison zur Auszahlung gelangten, setzte man voraus, daß der Kapellmeister derartige Auslagen über 4 1/2 Monate aus der eigenen Tasche vorschoß. Die ständige Finanzknappheit des Dirigenten und seine ständigen Bit-ten um Vorschüsse auf seine zu erwartenden Bezüge finden hier ihre Begründung.

Zu den vordringlichen Aufgaben des Reichenhaller Orchesterchefs gehörte schließ-lich, den Aufbau des Ensembles, der jährlich vor Beginn der Saison zu erfolgen hat-te, vorzunehmen. Die Besetzung für das 22-Mann starke Orchester war vorgege-ben und der Kapellmeister hatte mit Akribie und Geschick die richtigen Musiker zu finden, denn es wurden hohe Anforderungen gestellt. Hatte man einen Musiker verpflichtet, dann mußten vom Orchesterleiter vorgefertigte Engagement-Formu-lare ausgefüllt und unterschriftsreif dem Badkommissariat zur Gegenzeichnung vorgelegt werden.

Nach der Vertragsunterzeichnung Ende Januar 1879 konnte Paepke endlich mit der Anwerbung der Musiker beginnen. Wie schlecht das Verhältnis zwischen dem Reichenhaller Badkommissariat und dem vormaligen Orchesterleiter Hünn ge-wesen war, kommt nicht zuletzt dadurch zum Ausdruck, daß Paepke nun aus-drücklich angewiesen wurde, keinen Musiker zu engagieren, *„der schon früher in Reichenhall war"*. Paepke hat sich an diese Weisung gehalten und alle Stimmen des Orchesters neu besetzt, wie im Vergleich der Orchesterbesetzungen von 1878 und 1879 deutlich wird. Nur im Fall des Hornisten Lungershausen, der aus Halle stammte und Paepke persönlich bekannt war, wurde eine Ausnahme ge-macht, doch mußte der Orchesterleiter vorher sich dies ausdrücklich genehmigen lassen. Die gegenübergestellten Besetzungslisten der beiden Orchester Hünn und

Verzeichniß
der Musiker 1878.

Instrument	Namen	Gage pro Monat m. S.	Preis
1 Violin I	Abbaß R.	130 —	120
2 " "	Wallisch A.	123	120
3 " "	Buchner	123 —	120
4 " II	Tracksdorf Fried.	120 —	120
5 " "	Jole Ferdinand	110	
6 Viola u. ?	Otto Oßwald	118	118
7	Krans Franz	118	
8 Cello	Herbert u. Mor	130	130
9 Contrabaß	Bohnert F.	130	120
10 Contrabaß	Mobis O.	120	
11 Flöt	Abbaß mj.	130	125
12 ? ?	Erichson Junior	123	
13 Clarinet I	Schnurbusch	130	
14 " II	Brauer g.	123	105
15 Oboe	Grim	130	130
16 Fagot	Truckenbrodt	123	
17 Horn	Wipperich	125	
18 "	Lungershausen	105	115
19 Trompete I	Smeikal	130	
20 " II	Moy g.	110	
21 Posanne	Thöring	126	105
22 Tromel Tympano ?	Kamprath	118	
		2695	

Die Verzeichnisse der engagierten Musiker für die Jahre 1878 (Hünn, links) und 1879 (Paepke, rechts). Auf Wunsch des Badkommissariats durfte Paepke keinen Musiker des Hünn-Orchesters übernehmen.

36

Verzeichniß.

der Musiker 1879.

Instrument	Name	Gage pro Monat Mk.
1) Violin I	Fröhlich v. Magdeburg	120
2) Violin I	Heyer v. Würzburg	120
3) Violin I	Track v. Frankfurt	120
4) Violin II	Pischel v. Annaberg	120
5) Violin II	Günther v. Schwerin	105
6) Viola	Otto v. Annaberg	118
7) Viola	Kluge v. ...	110
8) Cello	Strauß ...	130
9) Contrabaß	Ball v. Magdeburg	120
10) Contrabaß	Schüßler v. Gotha	120
11) Flötist	Unger v. ...	125
12) Flötist	Pamler v. ...	110
13) Clarinet I	Schäfer Wilhelm v. Nürnberg	130
14) Clarinet II	Bernitt v. Schwerin	105
15) Oboe	Lechner v. Schwerin	130
16) Fagot	Weigel v. Annaberg	130
17) Horn	Lungershausen v. Gotha	115
18) Horn	Portwich v. ...	130
19) Trompete I	Metzner v. ...	130
20) Trompete II	Kollmann v. Leipzig	120
21) Posaune	Mailänder v. Augsburg	105
22) Trommel Tympano	Seele v. Gotha	120
		2633
		1162 ...

(Forts. v. S. 36) Einzige Ausnahme war der Hornist Lungershausen, den Paepke persönlich kannte. Insgesamt hatte Paepke auch preislich etwas günstiger abgeschlossen als sein Vorgänger Hünn.

37

Paepke enthalten auch die monatlichen Gehaltsbezüge der einzelnen Musiker und dabei wird deutlich, daß Paepke, in strenger Befolgung seiner Vorgaben, um einiges günstiger abgeschlossen hatte als sein Vorgänger, auch wenn er den vorgegebenen Gesamt-Etat von 11.000,– Mark nicht einhalten konnte. Im übrigen macht die Aufstellung von 1879 sichtbar, wo Paepke seine Kontakte hatte: Unter den aufgeführten 22 Musikern kamen nur fünf aus Bayern, alle übrigen stammten aus Mecklenburg und Sachsen.

Paepkes Engagementarbeit war besonders dadurch erschwert worden, weil in einem Musiker-Fachblatt die Arbeitsbedingungen für Musiker in Reichenhall, insbesondere die Musiker-Kontrakte Gegenstand einer herben Kritik waren. In der Zeitung wurde die Feststellung verbreitet, daß Musiker in Reichenhall zwar eine Menge Pflichten zu erfüllen hätten, aber vergleichsweise keine Rechte gewährt bekämen [70]. Nach solchen Veröffentlichungen haben in der Tat einige Musiker ihre Paepke gegebene Zusage wieder zurückgenommen.

Dennoch konnte in Reichenhall, rechtzeitig zur Saisoneröffnung 1879, die Kurmusik unter Paepkes Stabführung beginnen.

Die Entwicklung zum Symphonie-Orchester

Der Orchestervertrag mit Gustav Paepke wie er erstmals 1879 zustandekam, wurde in den Folgejahren immer wieder verlängert, anfangs jährlich, später in Spannen von zwei, drei und schließlich fünf Jahren. Unter dem Badkommissär Hugo Graf von Pestalozza, der dem plötzlich verstorbenen von Rehlingen 1880 nachgefolgt war, konnte sich das Orchester ab der Saison 1881 um zwei Musiker auf 24 Mann vergrößern. Paepkes Wunsch nach einem zweiten Fagott und einem zweiten Cello, mit der Begründung, daß *„mehr Symphonie-Konzerte"* stattfinden sollten, wurde stattgegeben. Das Orchester bekam damals vom Badkommissariat auch erstmals einen *„Musikdiener"* gestellt. Im Jahr 1883 versuchte Paepke weiter aufzustocken, doch konnte er sich vorerst nicht durchsetzen [71]. Im Februar 1885, als Paepke gerade dabei war sein Reichenhaller Orchester zusammenzustellen, teilte er dem Badkommissär mit, daß er dieses Mal daran denke vier Musiker, nämlich die Stimmen Horn, Flöte, Klarinette und Posaune neu zu besetzen, d. h. die bisherigen Musiker gegen solche auszutauschen, die gleichzeitig auch die Violine beherrschten *„um so auch anderweitig Nutzen von ihnen zu haben"* [72]. Die ständigen Hinweise, die Verwendungsmöglichkeit des Orchesters ausweiten zu wollen zeitigten schließlich Erfolge. Für die Saison 1886 durfte Paepke ein Orchester mit 28 Musikern zusammenstellen [73]. Dazu ist festzustellen, daß die

---

70) AKV, 1879, Deutsche Musiker Zeitung, Organ für die Interessen der Musiker und des musikalischen Verkehrs... Ausgabe vom 1. März 1879
71) AKV, 1883, Gustav Paepke, Schreiben vom 1. Februar 1883
72) AKV, 1885, Gustav Paepke, Schreiben vom 23. Februar 1885

Badesaison 1885 in Reichenhall besonders gut war und mit 5115 Kurgästen endlich wieder ein neues Spitzenergebnis erreicht wurde[74]. Dieses Zugeständnis war aber zugleich auch ein Abschiedsgeschenk des damals scheidenden Badkommissärs von Pestalozza, dem sich Paepke sehr verbunden fühlte: *„Wenn Sie mich auch in Bezug auf Gage ziemlich knapp gehalten haben, so haben Sie dafür doch wieder auf anderem Ort meine Stellung gefestigt und gehoben"*[75].

Paepke vergrößterte das Orchester schließlich um eine Erste Violine, zwei Zweite Violinen und eine Viola, nützte also die Möglichkeit zur Verstärkung, um die symphonischen Klangfarben zu festigen.

Das tägliche Spielpensum der Musiker war beträchtlich. Allein vier Stunden, ohne Proben, währte die tägliche Kurmusik, die noch dazu an verschiedenen Örtlichkeiten zu spielen war: Vorrangig im Städtischen Kurgarten, doch auch zweimal wöchentlich im Kurpark Kirchberg und ab August 1884 auch wieder zweimal wöchentlich im alten Kurpark von Achselmannstein[76]. Das Orchester hatte aber auch die Vor- und Zwischenmusik bei den Theaterveranstaltungen zu gestalten, was mindestens vier mal in jeder Woche der Fall war. Wegen des enormen Probenaufwandes waren dabei von den Musikern insbesondere die Operettenaufführungen gefürchtet. Paepke schrieb in diesem Zusammenhang einmal während seiner Engagementverhandlungen aus Schwerin, daß der Umstand, wieder Operetten auf dem Spielplan zu haben viele Musiker erschrecke und deshalb nur schwer für eine Verpflichtung zu gewinnen wären: Sie hätten *„natürlich wieder Angst, daß der Dienst zu anstrengend"* sei.[77]

Über das musikalische Repertoire des Kurorchesters ist schon an anderer Stelle berichtet worden. So reicht etwa der morgendliche Choral in „ungebrochener Tradition" bis in jene Jahre zurück, von denen Kurkonzertprogramme überhaupt erhalten sind (1880)[78]. Zu den ständigen Musikstücken der vor- und nachmittäglichen Kurmusik gehörten Ouvertüren aus Opern und Operetten ebenso wie Märsche, Walzer und andere Melodien, die gerade aktuell waren oder gerne gehört wurden.

Bei aller Beliebtheit der Kurmusik waren damals wie heute die Konzertprogramme natürlich auch der Kritik ausgesetzt. So hat sich aus dem Jahre 1883 eine Stimme erhalten, die Kurkapelle möge ihr Repertoire *„durch ... neuere und heitere Musikstücke wie aus Bettelstudent, Lustiger Krieg ..."* auffrischen während auf einer Notiz des Jahres 1886 sich ein Kurgast wundert, daß das Orchester kaum noch Auszüge aus Wagner-Opern spiele sondern *„lauter leichtere Spielopern oder auch Tanzmusik"* auf das Programm setze.

---

73) AKV, 1886, Badkommissariat, Schreiben vom Januar 1886
74) Endlich waren die guten Kurgastzahlen von 1872 (5076 Kurgäste) wieder erreicht und überschritten
75) AKV, 1886, Gustav Paepke, Schreiben vom 5. Februar 1886
76) Wie schon erwähnt fanden seit 1878 keine Kurkonzerte mehr im Park von Achselmannstein statt. Im Jahre 1884 bat der seinerzeitige Besitzer Diwischofski in einem Gesuch an die Regierung von Oberbayern um die Wiederaufnahme der Konzerte und dieser Bitte wurde stattgegeben.
77) AKV, 1883, Gustav Paepke, Schreiben vom 1. Februar 1883
78) Christian Simonis, a.a.O., S. 102

Im Jahre 1890 trat Gustav Paepke mit einem Vorschlag an das Badkommissariat heran, der eine Änderung der Orchesterorganisation zum Ziel hatte. Nach dem Vorbild seiner beiden Vorgänger Gung'l und Hünn wollte er das Orchester wieder als selbständiges Unternehmen gehandhabt wissen und bat, ihm die Verantwortung für die gesamte Kurmusik in „General-Entreprise" zu übergeben [79]. Die Vorteile einer solchen Maßnahme lägen auf der Hand. Vor allem hätte das Badkommissariat eine erhebliche Arbeitsminderung weil die diversen Einzelkontakte zu den Orchestermitgliedern von den ersten Vorschußzahlungen bis zur Endabrechnung des gesamten Musiketats entfielen und dafür nur mit einem Unternehmer, nämlich ihm (Paepke) zu verhandeln wäre. Es würden auch keinerlei Nachteile für die Badeverwaltung entstehen, denn alle Verpflichtungen des Orchester-Unternehmers ob in bezug auf die Anzahl der Musiker, deren Qualifikationen, Arbeitszeiten usw. wie auch in allen Fragen der Oberaufsicht und der Disziplin ließen sich vertraglich regeln.

Paepke, dessen Einkommen stets knapp gehalten und dessen Wünschen nach Aufbesserung nur unzureichend entsprochen wurde, glaubte mit einer solchen Neugestaltung der Verhältnisse finanziell selbst besser abzuschneiden. Er wollte aber auch bei der Fixierung der Musikerhonorare mehr Spielraum gewinnen:

„... Da ein großer Teil der Kapellmitglieder bereits zehn und mehr Jahre mitwirken, tritt das Bedürfnis der pekunären Aufbesserung derselben unabweisbar heran"[80]

In der Tat reagierte das Badkommissariat unter der Federführung des Badkommissärs Freiherr von Frankh mit einem umfangreichen Vertragsentwurf[81] auf Paepkes Vorschläge. Alle Auflagen und Bestimmungen waren hier jedoch so streng gefaßt, besonders hinsichtlich der Risiko-Absicherung und der dafür zu hinterlegenden hohen Kautionen, daß es Paepke wohl für ratsam hielt, Auskünfte darüber fehlen, sich Verpflichtungen solcher Art nicht aufzuladen. Wenigstens weist nichts darauf hin, daß Paepke als selbständiger Kurmusik-Unternehmer aufgetreten ist. Vielmehr spiegelt sich in den späteren Folgeverträgen die alte Kontinuität, d.h. alle Kurmusiker standen in einem unmittelbaren Vertragsverhältnis mit dem Badkommissariat, ebenso der Dirigent.

Paepkes Ehrgeiz bestand auch weiterhin darin, die Stimmenzahl des Orchesters auszubauen und für das seit dem Jahre 1890 prädikatisierte „Bad" Reichenhall bestand hier wohl eine zunehmende Verpflichtung. Am Ende des Jahres 1894 schrieb Paepke an den amtierenden Badkommissär Freiherr von Stengel:

„... Ich halte es daher für meine Pflicht, Euer Hochwohlgeboren darauf aufmerksam zu machen, daß eine Verstärkung der Kurkapelle auf 32 Mann geboten wäre. Meine bisherige Besetzung war nur durch zwei Hornisten vertreten, dies ist zu

---

79) AKV, 1890, Gustav Paepke, Schreiben vom 1. September 1890
80) Ebenda
81) AKV, 1891, Vertrag betreffend der Übernahme des Kur-Orchesters für das Bad Reichenhall für die Jahre 1892 - 1896 (der umfangreiche, in 21 Paragraphen gegliederte Schriftsatz ist nicht datiert)

Musikdirektor Gustav Paepke (Mitte) mit dem großen, 40 Musiker-Orchester des Jahres 1901. Das Orchester blieb in dieser Stärke bis zum Ausbruch des Ersten Weltkrieges

41

wenig, indem die Komponisten der Gegenwart durchwegs vier Hornisten bean-
spruchen und ein Einziehen der Stimmen von vier auf zwei immer eine Dürftigkeit
des Klanges zurückläßt!"[82]

Das in jenen Jahren ungemein prosperierende Bad mit seinen ständig steigenden
Besucherzahlen und einem immer anspruchsvolleren Publikum veranlaßte den
Kapellmeister auch in den Folgejahren sich ständig für das weitere Wachstum des
Orchesters einzusetzen. Als im Jahre 1898 man endlich soweit war, das lang er-
sehnte Kurhaus zu projektieren, schrieb P a e p k e an den Badkommissär und regte an, diesen Umstand zum Anlaß zu nehmen, das Orchester auf 40 Mann zu verstärken:

„... um den unerläßlichen Blasinstrumenten eine genügende Anzahl Streicher zur
Seite zu stellen, was zur Aufführung insbesondere neuerer Tonwerke, wie sie das Pu-
blikum in einem Bade von der Bedeutung Reichenhalls verlangt und verlangen
kann, unerläßlich ist. So kann z. B. von Brahms, Liszt, Richard Strauß, Tschai-
kowsky und den meisten anderen neuen Komponisten lediglich wegen des bezeich-
neten Mangels nichts aufgeführt werden!"[83]

Für den Kurhaus-Neubau selbst regte P a e p k e an, man möge bei der Anlage des
Orchesterraumes auf ein großes Orchester unbedingt Rücksicht nehmen – *„... daß*
eventuell bis zu 50 Mann Musiker und ... außerdem 40 bis 50 Sänger ..." Platz fän-
den, um auch größere Chorwerke wie Oratorien zur Aufführung bringen zu können, ohne daß früher oder später kostspielige Umgestaltungen vorgenommen werden müßten. Weiterhin plädierte P a e p k e dafür, in das *„Orchesterrondell"* eine
„Orgel größeren Umfangs einzubauen", eine Idee, die damals leider nicht verwirklicht werden konnte.[84]

P a e p k e s Wunsch nach einem Orchester von 40 Musikern wurde im Jahre 1901
Wirklichkeit und weitere vier Jahre später war mit einer Orchesterstärke von 44
Musikern die Höchstzahl erreicht, eine Besetzung, die sich bis zum Beginn des Er-
sten Weltkrieges halten konnte.

Ein Vierteljahrhundert (1879 - 1905) hat es also bedurft, bis P a e p k e die personelle Größe seines Orchesters verdoppeln konnte. Natürlich muß dieses Wachstum
vor dem Hintergrund einer steten Vermehrung des Gästeaufkommens gesehen
werden.[85] Reichenhall florierte in den Jahren vor und nach der Jahrhundertwende. Mit der Stimmstärke des Orchesters wuchs aber auch die Bandbreite der Musikliteratur, die nun zu bewältigen war. Hatte Paepke schon mit seinen 28 Musikern versucht, Symphonisches ins Programm zu bringen, so konnte er ab Mitte der
90er Jahre mit der Einführung der *„Symphonischen Abendkonzerte"* zeigen, was
ein größeres Orchester zu leisten vermag. Dieses stete und emsige Bemühen um

---

82) AKV, 1894, Gustav Paepke, Schreiben vom 30. November 1894
83) AKV, 1898, Gustav Paepke, Schreiben vom 20. September 1898
84) Ebenda (Eine Orgel wurde zwar seinerzeit aus Geldmangel nicht eingebaut, doch vom Architekten die räum-
lichen Voraussetzungen für einen späteren Einbau berücksichtigt!)
85) 1879 – 4.348 Kurgäste; 1905 – 13.440 Kurgäste

das Niveau seiner Konzerte trugen ihm den Ruf eines außerordentlich befähigten Dirigenten und Orchesterführers ein und so wuchs Paepke allmählich zum gefeierten und unumstrittenen Liebling des Kurpublikums und auch der Einheimischen empor.

Höhepunkte eines Musikerlebens

Paepke war hinsichtlich seines künstlerischen Schaffens ein überaus erfolgreicher Musiker, und es fehlte in seinem Leben nicht an Ehrungen und äußeren Zeichen der Anerkennung. Schon in jungen Jahren war er in seiner Heimat zum *„Großfürstlichen Mecklenburgischen Hofmusikus"*, später zum *„Kammermusiker"* ernannt worden. Auf die für Paepke wohl wichtigste Auszeichnung hatte er jedoch viele Jahre zu warten. Erst nach sechzehn Dienstjahren in Reichenhall erfolgte am 23. Januar 1895, *„mit königlicher Entschließung"* die Verleihung des heiß ersehnten Titels eines *„Königlich Bayerischen Musikdirektors"*. [86] Der Mann, der diese hohe Auszeichnung, nach zuerst vergeblichen Bemühungen für Paepke durchsetzte, war der damalige Generalintendant der Kgl. Hofkapelle, Carl Freiherr von Perfall. Nach zuerst ablehnender Haltung der hohen Behörden genügte schließlich nur die amtliche Bestätigung durch das Badkommissariat, daß sich das Paepke unterstellte Orchester *„... den allseitigen Ruf eines ausgezeichnet geschulten und zu hervorragenden musikalischen Leistungen vollauf befähigten ..."* erworben hat. [87]

Ein nächster Höhepunkt in der Karriere Paepkes waren die Feierlichkeiten anläßlich seines 25jährigen Dienstjubiläums am 19. August 1903. [88] Die Feier fand im Rahmen eines Jubiläums-Symphonie-Konzerts, im großen Saal des neuerbauten Kurhauses statt. Gustav Paepke dirigierte selbst. Es ist überflüssig zu bemerken, so der Kommentator, *„daß an diesem Ehrenabend Dirigent und Orchester wie immer wetteiferten, ihr Bestes zu geben und daß die großartigsten Tonwerke eine vollendete, großzügige Wiedergabe erfuhren!"* [89] Auf dem Programm standen *„erprobte Glanzstücke des Repertoires"* – die *„Leonoren-Ouvertüre"* von Beethoven, das *„Largo"* von Händel (Solovioline Herr Konzertmeister Schwabe) und die Symphonische Dichtung *„Tasso"* von Liszt (Baßklarinette Herr Henker). *„Nachdem der Jubilar"*, so im Bericht, *„schon bei seinem Erscheinen auf dem festlich geschmückten Podium mit minutenlang anhaltendem Applaus stürmisch begrüßt worden war, folgten jeder Programmnummer ungezählte Hervorrufe und tosender Beifallsjubel!"* [90]

Anläßlich dieser Feier war auch eine Laudatio durch den Badkommissär von Welser zu vernehmen, die in kennzeichnendem Abschnitt wie folgt wiedergegeben wer-

86) AKV, 1895, Urkunde, „Die Königlich Bayerische Hofintendanz ..." vom 2. Februar 1895
87) AKV, 1895, General-Intendanz der Königl. Hofmusik, Schreiben vom 7. Januar 1895
88) AKV, 1903, Ausschnitte aus der Kurliste vom August 1903
89) Ebenda
90) Ebenda

Der Kgl. Bayer. Musikdirektor Gustav Paepke im Alter von etwa 45 Jahren

den soll:

„Als vor 25 Jahren Herr Kapellmeister Gustav Paepke an die Spitze der Reichenhaller Kurkapelle berufen wurde, da war es eine kleine Schar von Musikern,

deren Leitung und Ausbildung ihm oblag. Etwa 2000 Kurgäste bildeten damals die Gesamtzahl der Besucher unseres Bades und gleichzeitig einen aufmerksamen und freudigen Zuhörerkreis für das Kurorchester unter der Leitung seines jugendlichen Kapellmeisters.

Von Anfang an war seine Tätigkeit durch echte Begeisterung für die Kunst und durch eifriges Streben nach Vervollkommnung gekennzeichnet. Mit Sorgfalt wählte er die Kräfte seiner Kapelle aus und erzielte deren abgerundetes Zusammenwirken; unermüdlich war er in der Ausbildung des Einzelnen wie des gesamten Orchesters. Beseelt von dem Streben, in jeder Hinsicht den höchsten Anforderungen zu genügen, vertiefte er sich in der gleichen Weise in das Studium der neueren und zumal auf orchestralem Gebiete vielfach bahnbrechenden Tonwerke, wie er die unvergängliche klassische Musik pflegte. Selbst Meister auf der Geige und Komponist setzte er seinen Ehrgeiz darein, durch sorgfältige Vorbereitung und verständnisvolle Durcharbeitung mustergültige Vorträge zu erreichen. So konnte es nicht ausbleiben, daß vor allem seine Sinfoniekonzerte seit Jahrzehnten den Ruf vollendeter Aufführungen errungen haben und mit Stolz kann er auf die Tatsache blicken, daß die Leistungen seiner Kapelle ein gut Teil zum Aufschwunge und Emporblühen unseres Kurortes beigetragen haben." [91]

Als Dank überreichte der Badkommissär damals dem Bad Reichenhaller Musikdirektor einen mit Edelsteinen besetzten Goldreif. Das Orchester ehrte seinen Dirigenten mit einem silbernen Lorbeerkranz, auf dessen 40 Blättern die Namen der damaligen Orchestermitglieder verewigt waren und der Stadtmagistrat ließ durch seinen Bürgermeister Fritz Söllner ein Ehrendiplom verleihen [92].

Im Herbst des selben Jahres durfte Paepke auf Antrag des Badkommissärs noch eine weitere Auszeichnung von höchster Stelle entgegennehmen: die *„Ludwigs-Medaille für Wissenschaft und Kunst"* [93].

Sechzehn Jahre später, anläßlich des bevorstehenden 40. Dienstjubiläums, hatte sich der damalige Badkommissär Friedrich Freiherr von Moreau für eine weitere Auszeichnung Paepkes bei seiner vorgesetzten Behörde eingesetzt:

„Aus kleinen und bescheidenen Anfängen hat er die Kurkapelle im Laufe der Jahre, stets Schritt haltend mit der Entwicklung des Bades, zu einem allseits anerkannt guten, den strengsten musikalischen Anforderungen genügenden Orchester entwickelt. Sein ruheloser Fleiß, seine hohen musikalischen Fähigkeiten haben während der 40 Jahre ständig den Beifall des Publikums, uneingeschränktes Lob musikverständiger Kreise und Anerkennung seiner vorgesetzten Stelle gefunden!" [94]

So bekam Paepke am 6. Oktober 1918, wenige Wochen vor dem Ende des Ersten Weltkrieges, eine letzte Königlich-Bayerische Auszeichnung, den *„Königlichen Verdienstorden vom Heiligen Michael IV. Klasse"* verliehen.

---

91) Ebenda
92) Ebenda
93) AKV, 1903, K. Regierung von Oberbayern, Kammer der Finanzen, Schreiben vom 3. Oktober 1903
94) AKV, 1917, Badkommissariat, Schreiben vom 26. Juli 1917

Im Jahre 1931 kam es zu der denkwürdigen Begegnung des pensionierten Gustav Paepke (3. v. links) mit dem berühmten Komponisten Franz Lehár (3. v. rechts), der damals mit der Kapelle Fleischmann in Bad Reichenhall weilte. Weiterhin sind auf dem Foto: Kapellmeister Fleischmann (2. v. rechts) und Mitglieder seines Ensembles.

Zu einer Ordensverleihung, die Paepke vom „Dessauer Hof" in Aussicht gestellt worden war – wohl weil er seit Jahren viele Musiker der Dessauer Hofkapelle nach Bad Reichenhall verpflichtet hatte – kam es nicht mehr, da Kriegsende und Revolution auch das Ende der deutschen Fürstenhäuser und Monarchien brachten.

Es dürfte jedoch für den alten Paepke, der angesichts der ungenügenden finanziellen Absicherung seines Lebensabends verbittert und zurückgezogen lebte und ganz besonders unter der Not der Inflationsjahre litt, eine kleine Freude gewesen sein, daß im Jahre 1923 der Magistrat der Stadt Bad Reichenhall beschlossen hat, ihm zu Ehren eine namenlose Straße im Kurviertel als *„Paepkestraße"* zu benennen.

Anläßlich seines 75. Geburtstages im Jahre 1928 erschien in der Kurliste ein Gustav Paepkes Lebenswerk würdigender Aufsatz. [95]

Das Ende des Orchesters

Paepkes Verträge liefen seit einer Reihe von Perioden bereits über jeweils fünf Jahre, als er im Jahre 1913, bei Abschluß eines neuerlichen Vertrages, mit einer neuen Formulierung konfrontiert wurde, die ihn zutiefst verunsicherte: *„Dieser Vertrag gilt jeweils stillschweigend für die nächste Saison, wenn er nicht bis zum 1. September der laufenden Saison von einem Vertragspartner gekündigt wird".* [96] Paepke sah in der vorgeschlagenen Änderung des Vertragstextes keine Festigung sondern im Gegenteil *„eine tiefgreifende Lockerung und Erschütterung"* seiner Position. Seine Einwände wurden von der Gegenseite allerdings ignoriert und auch bagatellisiert.

Das kommende Jahr 1914 brachte im August den Ausbruch des Krieges und noch in der laufenden Saison eine Verschärfung der Lage durch die z.T. überstürzte Abreise der Kurgäste sowie durch den Abzug der jüngeren Kurmusiker, die Mobilmachungsbefehlen zu gehorchen hatten. Schon zu Beginn der nächsten Saison wurde Paepke in seinem neuen Jahresvertrag darauf hingewiesen, *„daß angesichts der Kriegslage dem Kgl. Aerar die stete Widerruflichkeit des Vertrages mit sofortiger Wirksamkeit vorbehalten bleibt"* [97]. Im Herbst des selben Jahres war es dann soweit, Paepkes Vertrag wurde in der Tat, *„in bezug auf die Verhältnisse der nächstjährigen Saison"* gekündigt [98]. Für das Jahr 1916 wurde dann zwar Paepkes Vertrag erneuert, doch behielt man sich die Möglichkeit des *„steten sofortigen Widerrufs"* offen. Das Orchester wurde gleichzeitig stark reduziert, nämlich auf nur noch 12 Musiker in den Monaten Mai und September und auf 18 Musiker für die Monate Juni, Juli und August [99]. Auch die Kriegsjahre 1917 und 1918 standen unter den gleichen Bedingungen. Die personelle Reduzierung des Orchesters wurde u.a. auch durch die starken Kostensteigerungen für die Musiker begründet, die zu ihren Gagen gewichtige Teuerungszuschläge bekamen, die sämtlich aus der Badtaxkasse aufgebracht werden mußten.

Nach dem verlorenen Kriege und den stürmischen Revolutions- und Umbruchmonaten im Winter 1918/1919 wußte erst recht niemand wie es weitergehen sollte.

---

95) Amtliche Kurliste, 1928
96) AKV, 1913, Gustav Paepke, Vertrag vom 22. August 1913
97) AKV, 1915, Regierungsentschließung vom 10. Mai 1915
98) AKV, 1915, Regierungsentschließung vom 1. September 1915
99) AKV, 1916, Regierung von Oberbayern, Schreiben vom 18. März 1916

Im Frühjahr 1919 erreichte P a e p k e die Mitteilung, daß, bedingt durch die *„der-zeitige politische Lage und die Verkehrsverhältnisse"* es unmöglich sei, die Saison in Bad Reichenhall fristgemäß zum 1. Mai zu eröffnen. P a e p k e, der seinerzeit mit dem Rest seiner Musiker schon in Verhandlung stand, hatte diese hinzuhalten. [100] Die drei Jahre 1919, 1920 und 1921 waren für Gustav P a p e k e als Kapellmeister und Dirigent des Bad Reichenhaller Kurorchesters sicherlich die schwersten seines Künstlerlebens. Das Orchester hatte nach wie vor nur die reduzierte Stärke von 12 bzw. 18 Musikern, war also in dieser Hinsicht wieder dort angelangt, wo G u n g' l vor 50 Jahren begonnen hatte. Damit war, wie während der Kriegsjahre, der musikalische Spielraum begrenzt. Die Musiker scheinen sich im übrigen ihrem alternden Dirigenten gegenüber Freiheiten herausgenommen zu haben, die es früher nicht gegeben hatte. Auch waren allenthalben Streit und Disziplinlosigkeit unter den Musikern zu beklagen. So scheint insbesondere im Jahr 1919 das Orchester auf einem nie gekannten Leistungstief angelangt zu sein. Da schließlich das Publikum protestierte und mit dem Niveau der Musikdarbietungen nicht einverstanden war, mußte das Badkommissariat reagieren. In einem Bericht an seine vorgesetzte Dienststelle schilderte der Badkommissär die Gegebenheiten: Das Reichenhaller Kurorchester sei während des Krieges *„auf einen den Ruf Bad Reichenhalls als Weltbad schwer schädigenden Tiefstand"* herabgesunken. Während andere Bäder auch während des Krieges noch leidlich gut besetzte Konzertorchester unterhalten hätten, sei die Besetzung des Reichenhaller Orchesters infolge *„der gebotenen Sparsamkeit"* sehr schwach geworden. Ganz unhaltbar wären die Zustände jedoch in diesem Jahr geworden:

„Die Leistungen des Orchesters sind nicht nur qualitativ auf einem sehr bedauerlichen Tiefstand angelangt, es gelang auch wegen der ständigen von den Musikern bereiteten Schwierigkeiten bis heute noch nicht, ein Symphonie-Konzert oder einen Kammermusikabend zu Stande zu bringen!" [101]

Da zum Aufbau eines Orchesters alten Stils die Mittel fehlten und man dem alternden P a e p k e wohl auch die dazu nötige Energie nicht mehr zutraute, sah man die Lösung der Probleme einzig in einer Veränderung der gegebenen Vertragsverhältnisse. Statt mittels vieler Einzelverträge selbst ein Orchester aufzubauen, so wurde argumentiert, sollte auch Bad Reichenhall dazu übergehen, mit einem bereits vorhandenen Orchester sich vertraglich zu arrangieren. Das Badkommissariat wolle zwar schnellstens, möglichst schon zur nächsten Saison eine Änderung herbeiführen, gab aber zu bedenken, daß vorher noch die Frage einer *„finanziellen Sicherstellung P a e p k e s"* zu lösen sei. Der Badkommissär v o n M o r e a u verwies – nicht zum ersten Male – auf die Verdienste des Dirigenten in den langen De-

---

100) AKV, 1919, Badkommissariat, Schreiben vom 16. April 1919
101) AKV, 1919, Badkommissariat, Bericht vom 24. Juli 1919

zennien seiner Dienstzeit und brachte zum Ausdruck, daß die *„Gewährung einer Pension in der Höhe der Pension von Staatsbeamten seines Einkommens"* nicht mehr als recht und billig wäre. [102]
Ungeachtet dieses umfangreichen Berichtes blieb vorerst alles beim alten. Auch in den Jahren 1920 und 1921 stellte P a p e k e das Orchester zusammen, verpflichtete die einzelnen Musiker, erarbeitete die Programme und leitete die sommerliche Kurmusik. Daß er im Folgejahr 1922 nicht mehr am Dirigentenpult stehen würde, konnte er nicht ahnen. Von offizieller Seite wurde er lediglich gebeten, für 1922 kein Orchester mehr zusammenzustellen. Und als er aus *„Kollegenkreisen"* erfuhr, daß das Badkommissariat mit dem *„Philharmonischen Orchester der Pfalz"* in Verhandlung stände, glaubte er dennoch an die weitere Gültigkeit seines Vertrages. Als er schließlich doch erfahren mußte, daß auch ein neuer Dirigent angeworben worden war, D r . M a u e r e r , noch dazu ein Mann, der nicht zum Orchester gehörte und mit dem Klangkörper noch nie gearbeitet hatte, meinte P a e p k e mit einer gewissen Berechtigung, daß nach 43 Dienstjahren, ihm der Vorzug gebührt hätte. Im übrigen lag ein klarer Vertragsbruch vor, da er keine Kündigung erhalten hatte.

Zu den verletzenden Umständen kam die finanzielle Situation und der einst gefeierte Mann sank in tiefste Verzweiflung. Das Badkommissariat versuchte in München Verständnis für die Lage P a e p k e s zu wecken: Er sei wegen dieser Vorkommnisse *„außerordentlich vergrämt"* und habe das Mitgefühl *„weiter Kreise Reichenhalls"*. Man schlug vor, die angetane Kränkung P a e p k e s durch einen *„ehrenden Titel"* aus der Welt zu schaffen, doch außer einem regierungsamtlichen Schreiben, in dem P a e p k e um Verständnis gebeten wurde, erfolgte keine Reaktion.
So endete die Ära P a e p k e , die ein Konzert-Orchester größter Leistungsfähigkeit hervorgebracht und dem Dirigenten selbst höchste Ehrungen beschert hat, völlig unverständlich mit kläglichen Mißtönen.

---

102) Ebenda

Rechtliche und soziale Probleme des Orchesters im beginnenden Industrie-Zeitalter

Das Urheberrecht

In früheren Zeiten hatte man mit dem Erwerb bestimmter Noten auch alle Rechte zur unbeschränkten Aufführung des Werkes erworben. Diese freie Praxis änderte sich, als sich in Folge des Reichsgesetzes vom 19. Juni 1901 (das Urheberrecht an Werken der Literatur und der Tonkunst betreffend) in Berlin eine „Genossenschaft Deutscher Tonsetzer" zusammenfand, die es sich zur Aufgabe machte, Musik ausübende Organisationen und Institutionen auf die Einhaltung der Urheberrechte zu überwachen bzw. entsprechende Tantiemen zu erheben. Die neue Gepflogenheit wurde auch in Bad Reichenhall respektiert und fand sogar in P a e p k e s Fünfjahresvertrag (1903 - 1907) ihren Niederschlag:

„... daß die an die Genossenschaft Deutscher Tonsetzer, für Übertragung der von der Genossenschaft vertretenen Urheberrechte, vertragsmäßig zu zahlende Entschädigung im Betrage von 300,– Mark aus der Badtaxkasse entrichtet wird ... "[103]

Auf welcher Berechnungsgrundlage man zu diesem Betrag gekommen war ist unbekannt, doch in der Annahme, daß mit der Überweisung von 300,– Mark pro Saison alle Forderungen besagter Genossenschaft pauschal abgedeckt wären, hat man sich nicht weiter um diese Dinge gekümmert. Die Genossenschaft stellte allerdings Jahre später (1909) fest, daß das Badkommissariat zu wenig bezahlt hätte, und so kam es wegen *„Übertretung des Urheberrechts hinsichtlich geschützter Musik"* zu einem Gerichtsverfahren. Angeklagt waren sowohl der Badkommissär K r e s s v o n K r e s s e n s t e i n wie auch der Musikdirektor P a e p k e. Die Genossenschaft hatte einen wesentlich höheren Betrag als Abgeltungssumme errechnet und unterstellte betrügerische Absichten. Zwar konnte sich die Genossenschaft gerichtlich nicht durchsetzen und K r e s s wie auch P a e p k e wurden freigesprochen, doch fanden die Parteien auch in der Folgezeit zu keiner Vereinbarung. Da die Genossenschaft sich nicht zu einem Kompromiß geneigt zeigte, die von ihr geforderte Summe jedoch als zu hoch und als unbezahlbar empfunden wurde, verblieb für das Bad Reichenhaller Orchester nur der Ausweg, solche Musik zu spielen, die sozusagen tantiemenfrei war. In einem Nachtrag zu P a e p k e s laufendem Vertrag wurde deshalb der folgende Zusatz verfaßt:

„Herr P a e p k e hat für alle Musikaufführungen der Kurkapelle die ... sich ergebenden Verpflichtungen und Haftungen zu übernehmen, insbesondere dafür Sorge zu tragen, daß geschützte Tonwerke nicht zur Aufführung gebracht werden ... "[104]

---

103) AKV, 1902, Gustav Paepke, Vertrag für 1903 - 1907
104) AKV, 1910, Gustav Paepke, Nachtrag zum Vertrag 1908, vom 7. April 1910

In einem persönlichen Schreiben an den Musikdirektor erläuterte der Badkommissär zusätzlich:

„Da eine Einigung mit der Genossenschaft Deutscher Tonsetzer in Berlin wegen Überlassung der Aufführungsrechte nicht erzielt worden ist, bleibt mir nichts anderes übrig, als dem Beispiel der anderen im Schutzverein deutscher Bäder und Kurorte vereinigten Bäder zu folgen und ausschließlich solche Musikstücke zu spielen, an welchen uns entweder auf Grund unseres Notenmaterials das Aufführungsrecht zusteht oder welche an sich frei sind!" [105]

Für den verantwortlichen Orchesterchef, der auch noch ausdrücklich darauf hingewiesen wurde, bei der Aufstellung der Konzertprogramme *„mit größter Genauigkeit und Sorgfalt"* vorzugehen, stellten solche Vorgaben sicher eine zusätzliche Belastung dar, auch wenn ein Künstler wie Gustav P a e p k e auf ein großes Repertoire eigener Kompositionen und Bearbeitungen ausweichen konnte.

Da andere Bäder ähnliche Probleme hatten und man ganz allgemein mit den hohen Forderungen der Berliner Genossenschaft nicht zurecht kam, hatte sich der schon genannte *„Schutzverein Deutscher Bäder und Kurorte"* gebildet. Die Initiative zu diesem Zusammenschluß war vom Deutschen Bäderverband ausgegangen und den seinerzeitigen Vorsitz hatte der Kurdirektor von Bad Neuenahr, R ü t t e n. Seine Aufgaben sah der Verein darin, einerseits auf die *„Genossenschaft"* einzuwirken, von den hohen Forderungen abzugehen, was aber offenbar keine Erfolge zeitigte, andererseits Kataloge mit *„freien Musikstücken"* herauszugeben und den Mitgliedern zugänglich zu machen.

Bad Reichenhall wurde wie die anderen Königlichen Bäder in Bayern vorübergehend (bis 1913) Mitglied des *„Schutzvereins"*. Unzufrieden mit der Berliner Genossenschaft waren letztlich aber auch die in ihr organisierten Autoren, Verleger und Komponisten. Es kam zu vermehrten Austritten und schließlich 1916, mitten im Krieg, zur Gründung einer neuen Vereinigung, die den Namen *„Genossenschaft zur Verwertung musikalischer Aufführungsrechte"* (Gema) trug, konziliantere Bedingungen stellte und letztlich dazu beigetragen hatte, daß sich allmählich wieder normale Beziehungen einstellten.

Die Einkommensverhältnisse

Was Josef G u n g ' l seinen Musikern zahlte, ist nicht bekannt, da er gegenüber dem Badkommissariat als Unternehmer auftrat und für die Stellung eines ganzen Orchesters honoriert wurde. Da der Reichenhaller Musiker Konrad L a n d r i c h i n g e r, dessen Forderungen er für *„unverschämt"* hielt, den er aber auf Wunsch des Badkommissariats doch unter Vertrag nehmen mußte, 60 Gulden monatlich er-

---

105) AKV, 1910, Badkommissariat, Schreiben vom 20. Mai 1910

hielt, dürften die anderen Musiker kaum mehr, eher weniger erhalten haben.
Unter Carl Hünn haben sich die Umstände kaum geändert. Auch er stellte das
Orchester en bloc ein und kassierte dafür die Einnahmen aus der Badtaxkasse.
In der Etataufstellung von 1874 für das vergrößerte, 27-Mann starke Orchester
kalkulierte Hünn bereits eine durchschnittliche Monatsgage von 75 Gulden und
begründete dies mit den gestiegenen Forderungen.

Im Jahre 1875 kam dann die Umstellung des Bayerischen Guldens auf Reichsmark,
eine alles in allem umständliche und zeitraubende Angelegenheit, die außerdem
eine Wirtschaftskrise und weitere Geldentwertung zur Folge hatte. Ein mit 75 Gulden besoldeter Musiker kostete sodann 120,– Mark (1 fl. = 1,6 Mk). Das letzte von
Hünn geleitete Orchester des Jahres 1878 wies jedenfalls Gagen zwischen 105,–
und 130,– Mark aus.

Gustav Paepke, der ab 1879 die Kurkapelle organisierte, konnte die Musikergagen
seines Vorgängers halten bzw. in einigen Fällen sogar leicht senken.

Im Laufe von 35 Jahren bis zum Jahre 1914 stiegen diese Gagen um etwa 55 % auf
170,– Mark bis 200,– Mark, was einer statistischen Lohnsteigerung von jährlich
etwa 1,6 % entspräche.

Während des Ersten Weltkrieges, bedingt durch die schleichende Geldentwertung,
wurden die verbliebenen Orchestermusiker durch sporadische Teuerungszuschläge entschädigt, die ihr Einkommen nominell vervielfachten.

Die Einkommensverhältnisse des Dirigenten Paepke entwickelten sich demge-
genüber völlig anders. Hatte der junge Paepke 1879 mit einem Monatsgehalt von
250,– Mark (= 1.125,– Mark für 4 1/2 Monate) begonnen, so stieg dieser Betrag im
Laufe von 35 Jahren auf 840,– Mark (= 4.200,– Mark für 5 Monate [106]). Seine An-
fangsgage hatte sich also mehr als verdreifacht. In diesem verhältnismäßig guten
Einkommen in den Jahren vor 1914 spiegelt sich natürlich Paepkes größere Verantwortung sowie seine Beliebtheit und Reputation. Paepke selbst war damals
mit seinem Verdienst zufrieden und brachte dies auch zum Ausdruck:

*„Das kgl. Badkommissariat ist ... stets in so zuvorkommender Weise für meine fi-
nanziellen Verhältnisse eingetreten, daß ich es durchaus vermeiden möchte irgend-
wie unzufrieden ... zu erscheinen!"* [107] Allerding muß festgestellt werden, daß es für
diesen tüchtigen Mann auch ein langer und dornenreicher Weg war bis er diesen
Status erreicht hatte. Papeke mußte nämlich, nachdem er in den ersten zehn Jahren überhaupt keine Gehaltserhöhung erfahren hatte, sich sein späteres Einkommen in vielen Gesuchen in fast beschämender Weise erkämpfen. Dabei hatte er
eine große Familie (sieben Kinder) zu versorgen und später wollte auch ein Haus,
das man in Bad Reichenhall erworben hatte, von seinen Hypotheken erlöst wer-

---

106) Ab 1911 begann die Saison in Bad Reichenhall bereits am 1. Mai statt wie vorher Mitte Mai
107) AKV, 1910, Gustav Paepke, Schreiben vom 12. April 1910

den. Was allerdings vor dem Kriege als gutes Einkommen gelten mochte, schmolz in den Kriegsjahren schnell dahin und wieder mußte P a e p k e in ständigen Eingaben auf seine Situation aufmerksam machen.

Noch schlechter war P a e p k e s Lage hinsichtlich seiner Altersversorgung. Die Akten erweisen, daß P a e p k e sich wiederholt um eine vertragliche Absicherung seines Alters bemüht hat. Noch 1917, anläßlich seines 40. Dienstjubiläums bat der amtierende Badkommissär (v o n M o r e a u) bei seiner vorgesetzten Dienststelle in München um *„die Gewährung eines Gnadengehaltes für den Fall der Dienstunfähigkeit"*, allerdings ohne Erfolg. Im Jahre 1922 war es dann soweit, P a e p k e hatte seine Position verloren und stand ohne Alterssicherung auf der Straße. Ihm wurde lediglich , *„in jederzeit widerruflicher Weise"* eine *„Beihilfe"* gewährt. Nach der überstandenen Inflation des Jahres 1923 waren dies monatlich 120,– Mark.

Der Unterstützungsfonds

Seit dem Jahre 1888 wurde bei der *„Badtaxkasse Reichenhall"* ein besonderer *„Fonds zur Unterstützung der Kurmusiker"*[108] geführt. Seinerzeit bestand die Einlage zwar nur in 370,– Mark; es gab aber auch noch keinerlei Richtlinien zur Verwendung. Diesbezügliche *„Statuten"*[109] traten erst im Jahre 1890 in Kraft, und diesen Texten sind alle Einzelheiten zu entnehmen. Man erfährt z.B. woher das Geld kam, nämlich:

1) aus freiwilligen, jährlichen Zuschüssen der jeweils bei der Kurkapelle engagierten Musiker

2) aus Geldbeträgen von vollstreckten Geldstrafen, in *Befolgung der Orchestergesetze*

3) aus *„fakultativen Zuschüssen"* der Badtaxkasse und

4) aus etwaigen, sonstigen Zuschüssen.[110]

Der Zweck des Fonds war, *„aus den Zinsen"*, ausnahmsweise auch *„aus dem Kapital"*, in Fällen von Hilfsbedürftigkeit einzugreifen bzw. zu helfen, wo gemäß der Vertragsbedingungen *„Unterstützungspflicht"* bestand. Über die Verwendung der Gelder befand eine Kommission, die aus dem Badkommissär als Vorsitzender sowie dem Kapellmeister und einem Mitglied der Kapelle als Beisitzer bestand. Gesuche um Untersützung waren schriftlich beim Badkommissär, unter genauer Angabe der Gründe resp. unter Beilegung von ärztlichen Zeugnissen etc. zu stellen. Aus den noch vorhandenen Unterstützungsanträgen und Gesuchen, denen meist stattgegeben wurde, ist die zwingende Notwendigkeit einer solchen Einrichtung

---

108) AKV, 1890, Bericht an die K. Regierung von Oberbayern, Kammer des Innern, vom 26. Mai 1890
109) AKV, 1890, Statuten des Musiker-Unterstützungsfond ..., gutgeheißen am 22. Mai 1890
110) Ebenda

zu ersehen. Meist waren es Krankheiten oder Unfälle, auch von Familienangehörigen, die jene nicht versicherten Menschen sofort in große finanzielle Schwierigkeiten brachten.

Erst ab der Saison 1905 konnten die Mitglieder der Kurmusik in Bad Reichenhall zur *„Gemeinde-Krankenversicherung"* angemeldet werden und die anfallenden Beiträge (Tarif 30 Pfennig wöchentlich pro Person!) wurden zu 1/3 aus der Badtaxkasse und zu 2/3 aus dem besagten *„Unterstützungsfonds"* beglichen.

Angesichts der nur geringen Zuflüsse aber ständiger Verpflichtungen ist das Fondsvermögen nur langsam gewachsen. Es wurde in Pfandbriefen der Süddeutschen Bodenkreditbank angelegt und hatte im Frühjahr 1918 den Wert von 7000,– Mark erreicht. Damals wurde dann dieser Pfandbriefbestand in Schuldverschreibungen der *„Reichskriegsanleihe"* getauscht. Erst in den 20er Jahren taucht in der *„Kranken- und Unterstützungskasse des Pfalzorchesters"* eine Nachfolgeinstitution auf. Insbesondere *„Sonderkonzerte",* deren Reingewinn dieser Kasse zufloß, trugen damals dazu bei, Kapital anzusammeln.

Das Pfalzorchester (1922 - 1944)

Geschichtliche Erinnerungen
an ein denkwürdiges Orchester

Die Geschichte des sogenannten *„Pfalzorchesters"* beginnt im Herbst des Jahres 1919 mit der Gründung des *„Philharmonischen Orchestervereins für Pfalz und Saargebiet"*. Einige musikliebende Persönlichkeiten sahen sich zu diesem Schritt veranlaßt, als der politische Druck der die Pfalz kontrollierenden französischen Besatzungsmacht die Einreise von Gastorchestern nahezu unmöglich machte. Bereits im Januar 1920 wurde daraufhin ein erstes Ensemble zusammengestellt und im Februar konnte man mit einem Eröffnungskonzert in Landau den Weg in die Öffentlichkeit beschreiten. Diesem ersten Auftritt folgten zahlreiche weitere in vielen Städten der Pfalz. Trotz seiner künstlerischen Erfolge war das Orchester allerdings stets in seiner Existenz bedroht und von dauernden Finanzkrisen verfolgt. Als im Herbst des Jahres 1920 schließlich Prof. Ernst B o e h e, Münchener Thuille-Schüler und damals auch als Komponist bekannt, die Leitung des Pfalzorchesters übernahm, gewann der Klangkörper sehr bald überregionales Renommee. Sicherlich war es von existentieller Bedeutung, daß das große Ensemble ab 1922, in der engagementlosen Sommerzeit, in zwei Unterorchester geteilt, die Kurmusik in den beiden Staatsbädern Bad Reichenhall und Bad Brückenau übernehmen konnte. Trotzdem war es nicht zu verhindern, daß die Inflationsjahre 1922/23 zum gänzlichen Zusammenbruch führten und viele Musiker aufgaben. Im Dezember 1923 kam dazu auch noch ein von der französischen Militärmacht ausgesprochenes Spielverbot wegen *„nationaler Propaganda"*. Daß das Orchester dennoch als Rumpfgebilde überlebte und sich später im Rahmen einer neuen Gesellschaft wieder aufrichtete, mutete wie ein Wunder an. Jetzt begann, vor allem auch durch die künstlerische Leitung von Ernst B o e h e, dem späteren Generalmusikdirektor, der alljährlich in Bad Reichenhall einige Symphoniekonzerte dirigierte, ein Aufstieg, der das „P f a l z o r c h e s t e r" schließlich unter die *„besten Orchester des Deutschen Reiches"* [111] einreihte. Von dem guten Ruf des Orchesters profitierten nicht zuletzt die Konzerte in Bad Reichenhall, die auch weiterhin während der Sommermonate von den Pfalzmusikern besorgt wurden.

Wenige Monate vor dem Zusammenbruch des „Dritten Reiches" wurde das renommierte Orchester durch Regierungsbeschluß „stillgelegt". Damit endete eine in über zwei Jahrzehnten bewährte Zusammenarbeit mit Bad Reichenhall.

---

111) AKV, Pfälzische Rundschau, „zehn Jahre Pfalzorchester", 27. Oktober 1929

Der schwere Neubeginn der Bad Reichenhaller Kurmusik

Im Vorfeld der Vertragsverhandlungen mit dem Pfalzorchester, die ja von den Münchner Finanzbehörden unmittelbar geführt wurden, erinnerte der Badkommissär von Moreau in einem ausführlichen Schreiben[112] u. a. daran, daß die Söhne des ehemaligen Musikdirektors Paepke, die *„seit ihrer frühen Jugend dem Kurorchester Reichenhall wertvolle Dienste geleistet"* hätten, nach Möglichkeit in das neue Orchester integriert werden sollten. *„...Ihr eventueller Ausschluß bei der Anwerbung eines ganzen Orchesters würde von ihnen als Härte außerordentlich schmerzlich empfunden".* Moreau erklärte in diesem Zusammenhang auch, daß der älteste Sohn Paepkes, der schon seit 1895 dem Bad Reichenhaller Kurorchester angehört und zuletzt als *„Konzertmeister"* fungiert habe, *„mit Bestimmtheit"* damit gerechnet hätte, einst Nachfolger seines Vaters zu werden[113]. Es stellte sich allerdings bald heraus, daß solche Überlegungen nicht berücksichtigt werden konnten, weil das Pfalzorchester sich strikt weigerte auf derartige Sonderwünsche einzugehen.

Am 28. Februar 1922 kam schließlich der erste Vertrag mit dem Pfalzorchester zustande[114]. Vertragspartner waren der Bayerische Staat (Finanzministerium) einerseits und der Philharmonische Orchesterverein für Pfalz und Saarland andererseits. Trotz dieser Konstellation bei der ja Leistungsbringer (Orchester) und Leistungsempfänger (Badkommissariat) keine unmittelbaren Vertragspartner waren, arbeiteten beide, wie die Zukunft zeigte, in gutem Einvernehmen zusammen und es traten eigentlich keine nennenswerten Schwierigkeiten auf.

Der Vertrag von 1922 regelte allerdings nicht nur die Kurmusik in Bad Reichenhall sondern auch die in Bad Brückenau; dabei wurde die Größe des Orchesters für Bad Reichenhall mit 35 Musikern (Bad Brückenau mit 16) festgesetzt, die in der Vor- und Nachsaison (1. - 15. Mai und 16. - 30. September) auf 25 Musiker (Bad Brückenau auf 12) reduziert werden durften. Es handelte sich also nach wie vor um ein reines Sommerorchester, das lediglich für fünf Monate verpflichtet wurde[115].

Das Pfalzorchester unterstand der Oberleitung des Generalmusikdirektors Prof. Ernst Boehe, der zugleich auch die *„größeren Saal- und Symphoniekonzerte"* in Bad Reichenhall persönlich dirigierte. Für die laufende Kurmusik hatte der Philharmonische Orchesterverein einen ständigen Dirigenten engangiert; für Bad Reichenhall war dies Kapellmeister Dr. Julius Mauerer. Der Wortlaut des Vertrages sah zwar vor, daß dem ehemaligen Musikdirektor Paepke von Fall zu Fall das Dirigieren ermöglicht werden sollte *(„auf Verlangen!"),* in der Praxis kam es

---

112) AKV, 1922, Badekommissariat, Schreiben vom 5. Januar 1922
113) Ebenda
114) AKV, 1922, Pfalzorchester, Vertrag über die Stellung der Kurmusik ... vom 28. Februar 1922
115) Daneben wirkte seit dem Kriegsjahr 1916 ein sogenanntes „Winterorchester", das ursprünglich aus sieben Musikern bestand und das rotierend in verschiedenen Hotels Tanz- und Unterhaltungsmusik zu produzieren hatte. Diese vom Kurverein initiierte Musikkapelle hatte sich im Laufe der zwanziger Jahre auf drei Musiker reduziert und wurde schließlich aufgelöst.

jedoch nie dazu, da das allgemein schlechte Klima unter den Musikern dies verhinderte. P a e p k e verzichtete schließlich ganz auf dieses Privileg. Das Orchester war zu täglichen Früh- und Nachmittagskonzerten von je zwei Stunden Dauer, nebst wöchentlich zwei Abendkonzerten von ebenfalls zwei Stunden Dauer verpflichtet. Bei Berücksichtigung von einem freien Tag[116] pro Woche waren dies ohne Proben 28 Stunden Musik. Dazu kamen für die Hauptsaison *„mindestens acht abendliche Symphoniekonzerte"* sowie *„einige Kammerkonzerte"*, die allerdings nur auf Wunsch des Badkommissariats zu leisten und auch besonders zu vergüten waren. Das gleiche galt für die Reunions im Staatlichen Kurhaus, für die jeweils fünfzehn Musiker bereitgestellt werden mußten.

Als *„Entschädigung"* wurden dem Orchester im ersten Vertragsjahr die Pauschalsumme von 575.000,– Mark zuzüglich 50.000,– Mark (für Reise- und Transport) zugestanden, ein Betrag der allerdings, bedingt durch die galoppierende Geldentwertung, laufend durch Teuerungszulagen aufgebessert werden mußte und in der Jahresendabrechnung mit 1.420.124,– Mark zu Buche schlug[117]. Kaum vorstellbare Ausmaße erreichte dann die Inflation im Folgejahr 1923 mit der Konsequenz, daß die Musiker schließlich täglich ausbezahlt werden mußten[118].

Um die wirtschaftliche Situation während der Inflationszeit zu illustrieren, mag die folgende Begebenheit Erwähnung finden: Das Orchester bestellte im Juli 1923 bei der Firma Josef W e i n s t e i n in Eisenach eine neue Trommelbespannung. Das Stück wurde geliefert zum Preis von 982.000,– Mark. Die zum 30. Juli fällige Rechnung ist allerdings aus unbekannten Gründen nicht bezahlt worden. Am 21. August mahnte deshalb die Musikalienfirma die offene Rechnung an und forderte gleichzeitig einen in der Zwischenzeit aufgelaufenen Nachzahlungszuschlag in der Höhe von 4.200.000,– Mark. Am 25. August wurde nun endlich die Rechnung beglichen, aber nur in der Höhe des ursprünglichen Betrages. Die Firma wollte dies nicht akzeptieren und mahnte am 31. August neuerdings, nun mit einem Nachzahlungszuschlag von 10.802.000,– Mark (Begründung: Verelffachung des Dollarkurses innerhalb von vier Wochen!). Da auch jetzt die Bezahlung des Teuerungszuschlages unterblieben war, traf unter dem 10. September die dritte Mahnung ein, mit dem Hinweis, daß das fragliche Trommelfell nun 100 Millionen koste und umgehende Restzahlung oder Rückgabe der Ware erwartet würde ...[119]. Dieses Beispiel am Rande das den Preisanstieg eines eigentlich belanglosen Gegenstandes, dessen Wert weniger als ein Dollar betrug, veranschaulicht mit welchen außergewöhnlichen Schwierigkeiten man seinerzeit arbeiten und leben mußte.

Das Pfalzorchester konnte sich trotz aller Unbilden von Anfang an gut in Bad Reichenhall einführen, wenigstens vertrat das Bad Reichenhaller Badkommissariat

---

116) Die vertraglich zugebilligten zwei halben Tage Freizeit wurden in der Praxis in einen freien Tag gewandelt.
117) AKV, 1923, Badekommissariat, Schreiben vom 24. Februar 1923
118) Die Stabilisierung der Währung wurde erst im November 1923 mit der Einführung der sogenannten „Rentenmark" erreicht. Zuletzt hatte die Geldentwertung den Tiefstand von 1 Dollar = 4.2 Billionen Mark erreicht.
119) Die Korrespondenz zu dem immer teurer werdenden Trommelfell hat sich im Archiv erhalten (AKV, 1923)

in einem sommerlichen Zwischenbericht[120] diese Auffassung:

„Die musikalischen Leistungen des Orchesters waren durchwegs befriedigend; sie standen zweifellos höher als die der letzten Jahre; beim Publikum hat das Orchester großen Anklang gefunden ... Vor allem waren die Symphoniekonzerte, nach dem Urteil musikverständiger Leute, ausgezeichnet ..." [121]

Diese gute Meinung hat sich dann auch bis zum Saisonende nicht geändert:

„...Die mit dem Orchester gemachten Erfahrungen sind sehr gut ... Der Besuch der Konzerte war außerordentlich stark, der Beifall ungewöhnlich groß. Auch die Saalkonzerte waren meist ausverkauft!" [122]

Auch dem Dirigenten der Jahre 1922/1923, Dr. Julius M a u e r e r, wird bei seinem Ausscheiden ein gutes Zeugnis gegeben:

„Er hat ... mit größtem Eifer und bestem künstlerischen Erfolg die täglichen Morgen-, Nachmittags- und Abendkonzerte geleitet, er hat außerdem in ganz herrvorragender Weise eine Reihe großer Symphoniekonzerte, ... ferner eine große Zahl von Kammermusikabenden veranstaltet und hierbei selbst als Solist (Klavier und Geige) mitgewirkt ... Die beiden Sommerkurzeiten, während welcher das Badkommissariat in Bad Reichenhall das Glück hatte, mit Kapellmeister Dr. M a u e r e r zusammenzuarbeiten, bedeuteten für den Kurort eine Zeit hoher künstlerischer Blüte auf musikalischem Gebiet!" [123]

Dr. M a u e r e r schied seinerzeit aus, weil damals, wie schon dargestellt, das Pfalzorchester durch die zeitbedingten Probleme zerbrach bzw. bis auf ein Rumpfgebilde zusammenschmolz und niemand an eine weitere Zukunft des Orchesters zu glauben wagte. Im übrigen scheint es Spannungen in der künstlerischen Auffassung zwischen Dr. M a u e r e r und dem Generalmusikdirektor B o e h e gegeben zu haben.

Es war damals wie ein Wunder, daß das Pfalzorchester alle Krisen meisterte, letztlich überlebte und auch im Jahre 1924 seinen Verpflichtungen zur Kurmusik in Bad Reichenhall nachkommen konnte. Vor allem war es die neue, stabile Währung, die allmählich wieder normale Verhältnisse herstellte.

Als Kapellmeister wurde für das Jahr 1924 der Hamburger Fritz P e t e r s gewonnen, der, auch wenn er nur einen Sommer in Bad Reichenhall wirkte, gute Eindrücke hinterlassen hat:

„Er entfaltete als Kapellmeister ausgeprägte Musikalität und eine starke, künstlerische Begabung, zwei Momente, die ihre Auswirkung in der allgemeinen Beliebtheit beim Publikum und in glänzenden Erfolgen fanden..." [124] Das besondere Verdienst P e t e r s war es, daß er neben den täglichen Kurkonzerten mehrere Abend-

---

120) AKV, 1922, Badkommissariat, Bericht ... vom 9. August 1922
121) Ebenda
122) AKV, 1922, Badkommissariat, Bericht ... vom 29. September 1922
123) AKV, 1924, Badkommissariat, Zeugniskonzept für Dr. Julius Mauerer vom 14. Februar 1924
124) AKV, 1924, Badkommissariat, Zeugnis für Fritz Peters vom 30. Oktober 1924

veranstaltungen mit Solistendarbietungen organisierte und hier offenbar eine gute Hand bewies. Das Badkommissariat scheint allerdings auch allen Plänen Peters, trotz engen Budgets gefolgt zu sein, wie ein Rezensent lobend anmerkte: *„...Aber die künstlerischen Größen verlangen auch heute noch ihre respektablen Gagen, so daß immerhin Großzügigkeit und Mut dazu gehörte, bei der sich nicht gerade glänzend anlassenden Kurzeit, einen Max Krauß, Knote, Brodersen, eine Kinrina zu engagieren...“* [125)]

Während der Hauptsaison 1924 gastierte das Orchester auch erstmals wieder mit je einer Nachmittagsvorstellung wöchentlich im Park Axelmannstein, in Kirchberg und auch im Hotel am Forst in Bayerisch Gmain. Bei diesen Konzertveranstaltungen hatten jedoch die Hoteliers gewisse *„Entschädigungen"* an die *„Badtaxkasse"* zu leisten.

Der Kapellmeister Florenz Werner (1925 - 1944)

Als Florenz Werner im Jahre 1925 seine Tätigkeit als Leiter der Bad Reichenhaller Kurmusik aufnahm, hatte er bereits ein erfolgreiches Musikerleben hinter sich. Am 26. Februar 1874 in Tauscha/Sachsen geboren, studierte er an den Konservatorien in Leipzig und Brüssel und war schon vor der Jahrhundertwende als Konzertmeister und Violinsolist an großen Orchestern Deutschlands, Rußlands und der Vereinigten Staaten von Amerika engagiert. Ab 1905 wirkte er als Musikdirektor des Städtischen Orchesters Crimmitschau, später leitete er Orchester in Breslau und München. Nach dem Ersten Weltkrieg trat er an die Spitze der Dresdner Philharmonie, wo er während der winterlichen Theater- und Konzertsaison ein großes Betätigungsfeld fand. Vor allem in dieser Stellung konnte er sich das Renommee schaffen, das ihn in weiten Kreisen bekanntgemacht hatte.

Auch mit Kurmusik hatte Werner in seiner abwechslungsreichen Laufbahn schon Bekanntschaft gemacht, nämlich als Dirigent des damals noch „Herzoglichen Kurorchesters" in Bad Homburg. Nachdem Florenz Werner in Bad Reichenhall sein erstes Kurkonzert dirigiert hatte, konnte man in der Zeitung die folgende Notiz finden:

„...Im Mittelpunkt des Interesses stand der neue Kapellmeister Florenz Werner, der einen sehr günstigen Eindruck machte. Man kann über Auffassung und Interpretation bei einem solchen Konzert, in dem der Kapellmeister zum erstenmale ohne Probe an der Spitze des Orchesters steht, noch kein abschließendes Urteil fällen, aber so viel hat man schon gesehen und gehört, daß Kapellmeister Werner ein temperamentvoller Musiker und gewandter Dirigent ist, der seine Partituren kennt und

---

125) AKV, 1924, Reichenhaller Grenzbote, Musikalische Rückschau 1924 von W. Amadeus. (Archivstück ohne genaue Datumsangabe)

*ein starkes Gefühl für Schwung und Rhythmus sein eigen nennt. Besonders auf-
fallend war seine Vorliebe für breite Tempi, die sich am deutlichsten im ›Zug der
Frauen‹ aus Lohengrin und in der ›Egmont-Ouvertüre‹ erkennen ließ...“* [126]

Solch lobende Pressestimmen begleiteten Werners Wirken in Bad Reichenhall
über Jahre hinweg. Er verstand es offenbar sehr schnell, die Sympathien des Publikums zu gewinnen. Auch in den Berichten des Badkommissariats an die vorgesetzten Dienststellen in München wird nur in höchsten Tönen über Werner ge-
urteilt.

Im Sommer 1930, im sechsten Jahr seiner Tätigkeit als Kapellmeister in Bad Reichenhall, konnte Werner sein *„25-jähriges Dirigenten-Jubiläum“* feiern. Für die
örtliche Tageszeitung war dies ein Anlaß, ein blattfüllendes Portrait des beliebten Künstlers zu veröffentlichen und insbesondere auch seine Verdienste um das
Bad Reichenhaller Musikleben herauszustellen:

*„Denn das Pfälzische Landes-Symphonieorchester, das unsere Kurmusik stellt, ist
ein auf hohem künstlerischen Niveau stehender Orchesterkörper, der sich aus mei-
sterlichen Beherrschern der Instrumente zusammensetzt und so künstlerisch dis-
zipliniert ist, daß er auf den leisesten Wink des Stabsführers dessen Intentionen
erfaßt und sie in die klangliche Tat umsetzt. Und Kapellmeister Werner hat Intentionen hohen künstlerischen Fluges, er ist kein willenloser Nachahmer, er ist ein
kräftig zupackender Nachschöpfer, eigenen Willens, selbständiger Auffassung, schar-
fer Prägung. Seine Interpretationen sind geboren aus einer seine tiefste Seele erfas-
senden und beherrschenden Musikalität, sie atmen den Geist des Schöpfers ebenso
wie die fein abgestimmte Empfindung seines musikalischen Ichs, sind Monumente
ernster künstlerischer Betätigung, die wuchtig und mächtig wirken und mitreißen
in den brausenden Strudel der Begeisterung, von der er selbst in höchstem Maße erfüllt ist.
Aber nicht nur den großen Werten, die in den Symphoniekonzerten seiner kraftvol-
len Vermittlung anvertraut sind, läßt er diese hohe Auffassung seines Amtes ange-
deihen, auch die – wenn ich so sagen darf – Kleinarbeit, die in der täglichen Kurmusik seiner Pflege obliegt, weiß er so unterhaltend und doch auf hohem künstlerischen Niveau stehend zu gestalten, daß jedes Konzert schließlich zum neuen Klein-
ereignis wird, dessen Genuß man sich mit Freuden hingibt.“* [127]

Als im Jahr 1934 Werners Kapellmeistertätigkeit in Bad Reichenhall sich zum
zehnten Mal jährte, schlug der Badkommissär von Brentano Werner zur Ehrung mit einem staatlichen Titel vor und begründete dies mit den großen Leistungen des Orchesters und Werners Verdiensten daran:

„... Es darf festgestellt werden, daß das Kurorchester hinsichtlich seiner künstleri-

---

126) AKV, 1925, „Die erste Kurmusik“, Reichenhaller Grenzbote, 7.Mai 1925
127) AKV, 1930, „25-jähriges Dirigenten-Jubiläum des Kapellmeisters Florenz Werner“, Biographisches Portrait mit Abbildung (W. Amadeus), Reichenhaller Tagblatt, 11. Juli 1930

schen Leistungen unter den Orchestern der deutschen Bäder mit an führender Stelle steht. Diese von den Kurgästen wiederholt ausgesprochene Tatsache beweist, daß der Leiter des Orchesters über besondere musikalische Fähigkeiten verfügt und diese erfolgreich in den Dienst des Bades gestellt hat. Die Programme der täglichen Kurmusik sind vielseitig und abwechslungsreich aufgestellt. Auch in den symphonischen Veranstaltungen ist es Werner gelungen unsere großen Meister mit intensiver Gestaltungskraft zu bringen. Das von ihm geleitete Kurorchester konnte, was besonders hervorgehoben werden muß, neben den Salzburger Festspielen in Ehren bestehen. Die Aufführungen der Josephslegende von Richard Strauß wurde sogar von der Presse als über den Salzburger Festspielen stehend gerühmt...“ [128]

Der Wunsch des Badkommissärs wurde in München abgelehnt u. a. mit dem Argument, P a e p k e habe seinerzeit 25 Jahre auf einen Titel warten müssen; im übrigen sei W e r n e r nicht unmittelbar dem Badkommissariat unterstellt sondern wäre Angestellter des Pfälzischen Orchestervereins [129].

Seit dem Jahre 1926 hatte das Bad Reichenhaller Orchester wieder eine Besetzung mit 40 Musikern erreicht; lediglich für die kurzen Vor- und Nachsaisonwochen war nach wie vor eine Reduzierung auf 25 Mitwirkende vereinbart. Dennoch finden sich in den Akten immer wieder Überlegungen, die sich aus wirtschaftlichen Gründen für eine generelle Verkleinerung des Kurorchesters aussprechen. Aus dem Jahre 1931 hat sich ein Schreiben [130] W e r n e r s an den Badkommissär v o n B r e n t a n o erhalten, in dem er vor den *„schweren und nachhaltigen Folgen“* warnt, die mit einem Abbau des Orchesters einhergingen. W e r n e r meinte, daß die Verkleinerung des Kurorchesters als sichtbares erstes Zeichen des Niederganges eines Kurortes zu werten wäre; während andererseits solche Bäder, die ihre Orchester verstärkten auch entsprechende Erfolge aufzuweisen hätten. Die Erklärung dafür sah W e r n e r in der heilenden Wirkung der Musik:

„... Fast alle Kurverwaltungen der größeren deutschen Bäder sind durch die Erfahrung zu der Einsicht gekommen, daß ein künstlerisch hochstehendes Kurorchester – und nur ein vollbesetztes Orchester kann künstlerische Leistungen, auch auf dem Gebiet populärer Musik, hervorbringen – mit zu den wichtigsten Heilfaktoren eines Badeortes gehört.“ [131]

Auch in Bad Reichenhall, so W e r n e r , hätte sich das Kurorchester von Jahr zu Jahr einen immer höheren Platz im Kurleben erobert; das würden die zahllosen begeisterten Anerkennungen *„alljährlich wiederkehrender Gäste“* beweisen. Auch sei es eine Tatsache, daß viele Kurgäste während ihrer Kurzeit kaum ein Nachmittags- oder Abendkonzert versäumten, weil die Besetzung des Orchesters es erlaube, den verschiedensten ja *„extremsten Richtungen“* gerecht zu werden.

---

128) AKV, 1934, Badkommissariat, Schreiben vom 27. Juni 1934
129) AKV, 1934, Landesfinanzamt München ..., Schreiben vom 2. Juli 1934
130) AKV, 1931, Florenz Werner, Schreiben vom 25. September 1931
131) Ebenda

„... Welchen Eindruck würde es wohl auf die Tausende wiederkehrender Fremder machen, wenn diese anstelle des gewohnten guten Orchesters eine Badekapelle vorfänden, die, durch doppelte Anstrengung abgearbeitet und durch das Fehlen wichtiger Orchesterstimmen nichts vollwertiges mehr leisten könnte und auf deren Programm all' die Meisterwerke fehlen, die die große Anziehungskraft ausübten!" [132]

Werde dann der Schaden, den Reichenhall erlitte, so fragte W e r n e r, nicht um vieles den Vorteil der gemachten Einsparungen aufwiegen. Was schließlich die symphonischen Sonderveranstaltungen beträfe, so dürften viele die Wichtigkeit derselben für das Niveau des Kurortes erst begreifen, wenn sie nicht mehr möglich wären.

Mit dem Dauerthema beschäftigte sich auch ein umfangreicher Zeitungsaufsatz, der sich ebenfalls vehement gegen eine Verkleinerung des Orchesters wandte: *„... Nun soll nach vielen Meinungen die Zahl der Musiker vermindert werden, um eine Ersparnis zu erzielen. Das wäre wahrhaftig eine blinde Sparsamkeit. Zwanzig und fünfundzwanzig Mann sind auch ein Orchester, gewiß, aber ihre künstlerische Expansionskraft ist eben derart geschwächt, daß ihnen die großen und gerade zugkräftigen Werke verschlossen bleiben müssen..."* [133]

Der Autor des Zeitungsbeitrages (W. Amadeus) verweist dann aber auch auf die Bedeutung des Orchesters in seiner Mittelpunktsfunktion für den Kurort und somit unverzichtbar für die Werbung: *„...Denn schließlich und endlich bildet die Kurmusik den zentralen Pol des Kurlebens. Ohne eine zu wirklich künstlerischen Taten befähigte Kurkapelle erscheinen alle Bemühungen die Gäste hier zu halten und zu unterhalten, als Stückwerk und alle Stimmen, die gegenteilig lauten, meinen vielleicht das Beste, aber sie leiten unseren Kurort auf eine Bahn, die sicher nicht zum Aufschwung führt. Ich verkenne die Schwierigkeiten und Hemmungen im Wirtschaftsleben, die eine schwache Saison mit sich bringt, keineswegs, aber warum soll man zur Heilung des Übels, das Messer gerade bei dem Faktor ansetzen, der uns bisher immer noch einen guten Ruf gewahrt hat. Denn auch in einer künstlerisch befähigten Kurmusik liegt ein Stück Reklame, die vielleicht von vielen unterschätzt wird."* [134]

Obwohl auf der Einnahmenseite der Badtaxkasse durch den starken Rückgang der Kurgastzahlen erhebliche Mindereinnahmen zu verzeichnen waren, und obwohl die Ausgaben für das Orchester fast ein Drittel der Gesamtausgaben betragen haben, so wurde doch von einer personellen Reduzierung des Klangkörpers Abstand genommen: *„... Aus sozialen Gründen hat die Landesfinanzzweigstelle München ... von der ursprünglich beabsichtigten Verminderung des Orchesters abgesehen..."* [135]

---

132) Ebenda
133) AKV, 1933, „Um die Kurmusik" (W. Amadeus), Reichenhaller Tagblatt, 26. September 1933
134) Ebenda
135) AKV, 1933, Badkommissariat, Schreiben vom 17. August 1933

Allerdings geht aus dem gleichen Schreiben hervor, daß dafür eine Kürzung der Vergütungen für die Musiker vorgenommen wurde.

In den Jahren des sogenannten „Dritten Reiches" werden die Berichte über das Orchester in Bad Reichenhall schmäler, auch klingen sie weniger emphathisch. Mit der verlorenen Pressefreiheit scheinen in dem gleichgeschalteten Staat regelrecht auch Worte verlorengegangen zu sein. Dafür ist Kritik und Tadel hinzunehmen, wie noch gezeigt werden wird.

Der Kapellmeister Florenz Werner ging am 1. Oktober 1943, im Alter von 69 Jahren in den Ruhestand und zog zurück nach Dresden. Über sein weiteres Schicksal, ob er etwa den schweren Fliegerangriff am 13./14. Februar 1945 überlebt hat, wissen wir nichts.

Kurmusik unterm Hakenkreuz

Das nationalsozialistische Regime in Deutschland, das bekanntlich mit der Machtübernahme Hitlers am 30. Januar 1933 seinen Anfang nahm, tritt in den Bad Reichenhaller Orchester-Archivalien zum ersten Mal in der Form eines Kurgastschreibens in Erscheinung. Der an den „Kurdirektor" gerichtete und mit „Heil Hitler" gezeichnete Brief vom 11. Mai 1933 [136] kritisierte das Programm der Kurmusik insofern, als der Schreiber feststellte, daß in Bad Reichenhall zwar vorzügliche „klassische Musik" vorgetragen würde, daß aber die „so gerne gehörten Volkslieder, Marschpotpourri und sonstige schmissige Märsche" kaum zu vernehmen wären:
„... Ich war voriges Jahr sechs Wochen hier und bin jetzt wieder auf fünf Wochen in Bad Reichenhall, kann aber leider nicht feststellen, daß die nationale Wende bzw. Erhebung durch die Musik zum Ausdruck kommt ... Die Musik muß in erster Linie dazu beitragen die Menge immer wieder von neuem zu begeistern und mitzureißen. Der weitaus größte Teil der Kurgäste ist sehr gut deutsch eingestellt." [137] In anderen Kurorten wäre dies dagegen anders, dort würde sich die Zuhörerschaft um den Musikpavillon drängen und mit „kolossaler Begeisterung" die „vaterländischen Stücke" aufnehmen. In Bad Reichenhall könnte das auch so sein, wenn sich das Kurorchester mehr auf „väterländische- und Volksmusik" einstellen würde.

In seiner Erwiderung teilte der Badkommissär von Brentano diesem Gast u.a. mit, daß man eine Programmänderung in dem angesprochenen Sinne bereits in Erwägung gezogen habe, wegen der fehlenden Notenliteratur – die bestellt aber „infolge großer Nachfrage" auf sich warten ließe – noch nicht verwirklicht werden konnte [138].

---

136) AKV, 1933, Kurgastschreiben vom 11. Mai 1933
137) Ebenda
138) AKV, 1934, Badekommissariat, Schreiben vom 17. Mai 1934

Der NS-Staat machte sich aber bald auch in anderer Hinsicht bemerkbar. Nach dem „Reichskulturkammergesetz" vom 22. September 1933, mußten alle Verwaltungen, Körperschaften, Gesellschaften usw. bis hin zu Einzelpersonen, soweit sie Kulturpflege betrieben, der Reichskulturkammer angehören. Diese war in Einzelkammern gegliedert, die Einzelkammern (z. B. Reichsmusikkammer) wiederum in Fachverbände (z. B. Reichsverband für Konzertwesen) und diese letztlich in Fachgruppen (z. B. Fachgruppe für Ernste Musik).

Das Badkommissariat in Bad Reichenhall als musikpflegende „staatliche" Behörde [139] war also gehalten, schnellstens Zwangsmitglied beim Reichsverband für Konzertwesen, Fachgruppe Ernste Musik zu werden. Es bedurfte dazu allerdings erst noch der ausdrücklichen Aufforderung durch den Präsidenten des Landesfinanzamtes München (vom 17. April 1934) bevor dieser Schritt vollzogen wurde.

Als Mitglied dieses Reichsverbandes war das Badkommissariat gleichsam zu einem Rädchen im großen Getriebe der diktatorischen Zentralgewalt geworden und hatte allen Anordnungen, wie sie von der Reichskulturkammer ausgingen, Folge zu leisten.

Im September 1934 etwa mußte eine Fragebogenaktion durchgeführt werden, die aus „statistischen Gründen" erkunden wollte, wie viele „Nichtarier" etc. in der Konzertgesellschaft/-verein tätig waren. Da es sich beim Bad Reichenhaller Kurorchester nicht um einen „Verein" im engeren Sinne handelte, sondern eher um eine Fraktion des Philharmonischen Orchestervereins der Pfalz, mit dem man in vertraglicher Beziehung stand, unterblieb zuerst die Beantwortung und erst nach ernsten Mahnungen wurde der Bogen schließlich zurückgegeben. Da von der Beantwortung keine Kopie existiert läßt sich nicht sagen, ob im Bad Reichenhaller Orchester „Nichtarier" Funktionen hatten.

Zum Saisonbeginn des Jahres 1936 rückte die Kurmusik in Bad Reichenhall nochmals ins Rampenlicht einer besonders unangenehmen, weil öffentlichen Kritik. Unter der Überschrift „Protest" erschien in dem Musikfachblatt „Das Deutsche Podium" [140] eine Glosse, die allein in ihrer Ausdrucksform und Wortwahl den Ungeist der Zeit kennzeichnet:

„Protest!

Die ›Staatliche‹ (!!) Kurkapelle in Bad Reichenhall scheint einen Kapellmeister zu besitzen, dem versehentlich einmal ein Klavier auf die brenzlige Birne gestellt wurde. Seine Musikprogramme, die auch noch im ›Reichenhaller Tagblatt‹ jeweils vorher veröffentlicht werden, damit die Kurgäste wissen, ob es sich verlohnt, um den Musikpavillon herumzuschleichen, enthalten u.a.:

---

139) Durch die Gleichschaltung der deutschen Länder wurde Bayern in seiner Staatlichkeit sehr eingeschränkt. Die Regierung wie die Ministerialbehörden wurden einem „Reichsstatthalter" unterstellt. Der Titel „Staatliches Badkommissariat" blieb aber unangetastet bestehen.
140) AKV, 1936, Das Deutsche Podium, Fachblatt für Ensemble-Musik und Musik-Gaststätten, Ausgabe vom 22. Mai 1936

Fragebogen

für die Konzertgesellschaften und Konzertvereine

Auf Veranlassung der Reichsmusikkammer wird zur Vervollständigung ihrer Statistik bis zum 15. September 1934 um Beantwortung folgender Fragen ersucht:

1. Ist in der geltenden Satzung das Führerprinzip berücksichtigt und durchgeführt?

   (ja oder nein) . . . .

2. Ist ein Arierparagraph in den Satzungen aufgenommen worden? (ja oder nein)

3. Wieviel Mitglieder hat der Verein? . . . . (Zahl)

   a) Nichtarier? . . . . (Zahl) } soweit ohne Rückfrage an

   b) Arier? . . . . (Zahl) } die Mitglieder feststellbar

Ferner:

4. Wieviele Personen bilden den Vorstand? . . . . (Zahl)

   a) Davon Mitglieder der NSDAP? . . . . (Zahl)

   b) Davon Nichtarier? . . . . (Zahl)

Nach Beantwortung der Fragen wird für etwaige nichtarische Vorstandsmitglieder ein besonderer Fragebogen zugesandt, der klären soll, ob die einschlägigen Bestimmungen des Gesetzes zur Wiederherstellung des Berufsbeamtentums vom 7. 4. 33 angewandt werden können.

Falls bis zum 15. 9. 34 die Fragen nicht beantwortet sind, behält sich die Reichsmusikkammer eine Sonderregelung vor.

. . . . , den . . . . 1934.
(Ort)

. . . .
(Stempel und Unterschrift)

Fragebogen-Aktion der NS-Zeit 1934.

J. Offenbach: Fantasie aus ›Hoffmanns Erzählungen‹;
›Tiralala-Walzer‹ von O. Strauß;
›Fahrt ins Glück‹ von Jessel;
›Heimkehr aus der Fremde‹ von F. Mendelssohn;
›Quintessenzen‹ von Morena;
u.s.w.

Juden! Juden! Juden!
Es wird aber nun Zeit, Herr Staatlicher Kurkapellmeister, daß Sie aufwachen und
nicht weiter als lebendes Naturdenkmal den Reichenhaller Kurgarten schmücken!"

Auch hier versuchte der Badkommissär den Vorwurf zu entkräften, indem er in seiner Erwiderung darstellte, daß die im Programm genannten und kritisierten Stücke nicht gespielt worden wären:

„Unser Kapellmeister Pg. [141] *Florenz W e r n e r, welcher in den Wintermonaten in Dresden seinen Wohnsitz hat ... hatte gebeten, für die erste Woche der Kurzeit das Programm des Vorjahres in Druck zu geben ... Im Vorjahresprogramm befanden sich einige jüdische Komponisten, da einheitliche Verbotsbestimmungen noch nicht vorlagen. Kapellmeister W e r n e r hat sofort nach seinem Eintreffen in Bad Reichenhall die Programme durchgesehen und die jüdischen Komponisten durch Arier ersetzt ..."* [142]

Die im *„Deutschen Podium"* veröffentlichte Schelte der Bad Reichenhaller Kurmusik muß das Badkommissariat schon deshalb getroffen haben, weil man kurz vorher von der *„Reichsmusikkammer"* die Mitteilung bekommen hat, daß die Kurmusik, wie sie sich in den gedruckten Programmen deutscher Kurorte wiederspiegle, bei der *„Prüfung"* durch den *„Berufsstand der Deutschen Komponisten"* schlecht abgeschnitten habe und *„Bad Reichenhall hier keine Ausnahme"* mache:

„1) Es befanden sich in den meisten Fällen immer noch Werke nichtarischer (jüdischer) Autoren in großer Anzahl auf den Programmen.

2) Werke deutscher Autoren nehmen in den Programmen nicht den ihnen gebührenden Platz ein, während

3) Werke ausländischer Komponisten häufig bis zu 80% auf den Programmen vertreten waren,

4) Aufführungen von Werken lebender, deutsch-arischer Autoren beschränkten sich überwiegend auf einen kleinen Kreis von immerwiederkehrenden Namen ..." [143]

Zum Punkt 1) wurde zudem von der *„Reichsmusikerschaft"* dem Badkommissariat geraten, in Zweifelsfällen, ob es sich nämlich um einen jüdischen oder auch nur sonst unerwünschten Komponisten handle, sich bei der *„Reichsfachschaft Komponisten"* in Berlin zu erkundigen.

---

141) Pg. „Parteigenosse"; Florenz Werner war also Mitglied der NSDAP. Hierzu ist anzumerken, daß viele in der Öffentlichkeit stehende Menschen der „Partei" und anderen NS-Organisationen beitraten, in der Furcht sonst ihre beruflichen Stellungen einzubüßen. Derartige „Parteimitglieder" wurden bei den späteren „Spruchkammerverfahren" in der Regel als „Mitläufer" eingestuft.
142) AKV, 1936, Das Deutsche Podium, a.a.O., Ausgabe vom 3. Juli 1936
143) AKV, 1936, Reichsmusikerschaft, Schreiben vom 25. April 1936

Im übrigen wurde die baldige Übersendung einer *„Liste guter Unterhaltungsmu-sik"* in Aussicht gestellt, die künftig bei der Programmgestaltung *„weitgehendst"* Berücksichtigung finden solle [144].

Diese angekündigte *„Liste"* [145] ist dann auch tatsächlich eingetroffen und hat sich im Archiv des Kurorchesters erhalten. Die Zusammenstellung *„empfehlenswerter Werke"* sollte, wie es in einem Rundschreiben heißt, ... *für die seit Jahren angestrebte Belebung und Erneuerung der Kurmusik ein sachverständiger Berater sein und den Kurverwaltungen wie den Kapellmeistern wertvolle Hinweise geben ..."* [146]. Die Liste enthält neben einigen gängigen Titeln der klassischen Musik vor allem eine Vielzahl zeitgenössischer Werke, deren Komponisten nach dem fachmännischen Urteil eines Musikwissenschaftlers heute zum größten Teil völlig unbekannt oder vergessen sind. Die Titel der Werke, wie sie sich z. B. unter der Rubrik für „Salon-Orchester" finden, sprechen z. T. für sich selbst:

„Wir sind die neue Zeit" (Olias), *„Stirn und Faust"* (Orth), *„Deutsch sein heißt treu sein!"* (Palm), *„Ein ewig Deutschland"* (Schmelling), *„Fliegerhelden-Marsch"* (Osterloh), *„Marsch der Flak"* (Kletzki) u.a.

Damit dieses *„Musikgut"* von den Kurverwaltungen auch tatsächlich angenommen und umgesetzt würde, wurde für die Notenbeschaffung ein Zuschuß der *„Reichs-musikkammer"* bis zu 50 Prozent angeboten [147]. Inwieweit das Badkommissariat Bad Reichenhall bzw. das Orchester von diesem Angebot Gebrauch gemacht hat, ist nicht bekannt.

Das Jahr 1938 war das letzte Friedensjahr des national-sozialistischen Deutschlands. Es brachte u.a. den „Anschluß" Österreichs und die damals mit großem Jubel gefeierte Gründung des „Großdeutschen Reiches". Für Bad Reichenhall und sein Orchester war der Fortfall der Grenze und damit das Näherrücken Salzburgs mit gewissen Vorteilen verbunden, da z.B. das Engagement von Musikern zur Orchesterverstärkung bei besonderen Symphonie-Konzerten nun wesentlich erleichtert wurde. Wie sich allerdings die Situation mit dem Kulturschwerpunkt Salzburg als Nachbar unter friedlichen Bedingungen für Bad Reichenhall ausgewirkt hätte, vermag niemand zu sagen.

Was im übrigen das Jahr 1938 für den Bad Reichenhaller Konzertliebhaber geboten hatte, wurde in einer Fachzeitung wie folgt zusammengefaßt:

„... Die Leistungen des Orchesters , dem bei seiner starken Inanspruchnahme fast keine vorbereitende Probe zur Verfügung steht, sind oft bewundernswürdig. Sehr viel Mozart, darunter vieles weniger Bekannte, wurde außer den anderen Klassikern geboten. Daneben nehmen natürlich Wagner, Liszt, Tschaikowsky und Richard Strauß breiten Raum ein. In besonderen Symphoniekonzerten erschienen un-

---

144) Ebenda
145) AKV, 1937, „Liste empfehlenswerter Werke für Kurorchester – zusammengestellt von der Fachschaft Komponisten in der Reichsmusikkammer, 1937
146) AKV, 1937, Rundschreiben des Landesfremdenverkehrsverbandes München und Südbayern, 12. Juni 1937
147) Ebenda

ter Werners Leitung die e-Moll-Symphonie von Brahms, der Don Juan von Richard Strauß und als Novität ein symphonisches Capriccio von Hans Mielenz. Prof. Ernst Boehe (im Jahre 1938 verstorben = Anmerkung des Autors) *brachte in seinen drei Symphonieabenden Beethovens und Tschaikowkys Fünfte Symphonie und die Zweite von Brahms. Als Solisten wurden u.a. herangezogen: Elisabeth Bischoff, München (Violinkonzert Dvořák), Alfred Hoen, Klavier (Beethoven Es-Dur), Friedrich Wührer, Klavier (Mozart d-Moll), Emmi Hiekl, Klavier (Liszt A-Dur). Ferner mit Liedern und Arien Margarethe Teschemacher, Franz Völker, Anita Raunbach (München)...* [148]

Vier Wochen vor Ausbruch des Zweiten Weltkrieges, im Sommer 1939, kam in Bad Reichenhall das *„Nichtarier-Problem"* in seiner ganzen inhumanen und peinlichen Form zum Tragen. Das Staatliche Badkommissariat hatte ein Gastdirigat mit dem Generalmusikdirektor Oscar M a l a t a, der gerade als Kurgast im Hotel am Forst (Bayerisch Gmain) weilte, anberaumt und dafür bereits alle Vorbereitungen (Programme, Plakate usw.) getroffen, als der Orchestervorstand des Pfalz-Orchesters in Ludwigshafen quasi im letzten Moment sein Veto zu diesem Konzert gab: *„... Auf Grund der Nürnberger Gesetze muß es das Staatliche Kurorchester (Landes-Symphonie-Orchester-Saarpfalz) zu seinem Bedauern ablehnen, am Dienstag dem 1. August 1939 unter der Leitung des Herrn Generalmusikdirektors Oscar M a l a t a zu musizieren..."* [149] Der Badkommissär W e i n g ä r t n e r mußte nolens volens Herrn M a l a t a eine Absage erteilen, wollte gleichzeitig jedoch das Orchester damit nicht belasten. Er formulierte wie folgt:

„Sehr geehrter Herr Generalmusikdirektor! Nachdem die Programme bereits gedruckt und die Pressenotizen zur Veröffentlichung weitergegeben waren, lief beim Badkommissariat eine mündliche Anregung ein, daß es Ihnen nahegelegt werden möchte, die Leitung des Konzertes am Dienstag Abend nicht zu übernehmen. Die Gründe werden Ihnen bekannt sein ... Es tut mir leid, sehr geehrter Herr Generalmusikdirektor, daß unsere Bemühungen nicht zum Erfolg führten.
Mit vorzüglicher Hochachtung und Heil Hitler! Ihr sehr ergebener Franz Weingärtner" [150]

Anders als während des Ersten Weltkrieges konnte das Pfalz-Orchester, das ab dem Jahr 1942 als *„Landessymphonie-Orchester für die Westmark"* (Westmark-Orchester) firmierte, bis zum sechsten Kriegsjahr 1944 seinen Personal-Bestand wahren. Zwar wurden ständig, meist jüngere Musiker zum Kriegsdienst einberufen, doch in der Regel sehr bald für Ersatz gesorgt. Das Bad Reichenhaller Kurorchester verblieb demnach, wenn auch unter den Bedingungen des wiederholten Mu-

---

148) AKV, 1938, Konzert-Nachrichten, Allgemeine Musikzeitung, 28. Oktober 1938
149) AKV, 1939, Pfalz-Orchester Ludwigshafen; Orchester-Vorstand, Schreiben vom 30. Juli 1939
150) AKV, 1939, Badkommissariat, Schreiben vom 31. Juli 1939. (Der Badkommissär Franz Weingärtner erscheint in seiner gesamten Korrespondenz als ein Beamter, der dem NS-Staat nicht besonders wohlwollend gegenüberstand. Zwar zeichnete er seine Briefe mit dem obligatorischem „Heil Hitler", doch bleibt seine Kritik zwischen den Zeilen vielfach kaum verborgen. Weingärtner verblieb auch in seinem Amt über den 8. Mai 1945 hinaus!)

sikerwechsels, bis acht Monate vor Kriegsende in der vertraglich vereinbarten Soll-stärke (Vor- und Nachsaison 24-, Hauptsaison 40 Musiker).

Eine Anfrage des *„Reichspropagandaamtes für München / Oberbayern"* [151] im Jahre 1940, ob das *„Kurorchester für die in und um Bad Reichenhall stationierten Wehr-machtsverbände Truppenkonzerte"* durchführe oder derartige Aktionen plane, wurde vom Badkommissariat abschlägig beschieden. Das Kurorchester habe außer den Proben wöchentlich achtzehn Konzerte zu spielen und folglich bestehe keine Möglichkeit einer anderweitigen Verwendung. Kranke und verwundete Soldaten hätten in Bad Reichenhall freien Eintritt zu den Kurkonzerten. Im übrigen bestehe eine Bataillons-Musik mit 30 Musikern, die für die Truppenbetreuung in Bad Reichenhall und Berchtesgaden zuständig wäre [152].

In den Jahren 1940 und 1941 wurde vom *„Reichsfremdenverkehrsverband"* die Aktion *„Kapellmeister im Felde"* initiiert, die in elf deutschen Kurorten mit großen Orchestern durchgeführt werden sollte [153]. Dabei waren Gastdirigate für junge, zum Frontdienst verpflichtete Dirigenten vorgesehen. Der bürokratische Aufwand, d.h. der zeitraubende Weg der diversen Korrespondenzen: Reichsfremdenverkehrs-verband - Badkommissariat - Reichsfremdenverkehrsverband - Reichsmusikkam-mer - Badkommissariat - Reichsmusikkammer - Soldat über Feldpostnummer - Badkommissariat - Soldat, zeitigte jedoch in beiden Jahren, wenigstens für Bad Reichenhall, Mißerfolge, weil die angesprochenen Soldaten letztenEndes die ins Auge gefaßten Konzerttermine zu kurzfristig erfuhren und nicht wahrnehmen konnten.

Eine Anweisung des Präsidenten des Reichsfremdenverkehrsverbandes aus dem Jahre 1941, die die Orchester verpflichtete, künftig bei der morgendlichen Kur-musik die Choräle wegzulassen und durch sogenannte *„Turm- und Feiermusik"* zu ersetzen, brachte eine Anfrage des Badkommissariats Bad Kissingen, wie solches in Bad Reichenhall gehandhabt würde [154]. Bad Reichenhall teilte mit, daß man der Anweisung seit dem 2. Juni 1941 Folge leiste.

„Den Gästen, die diese Programmänderungen nicht verstehen konnten, teilten wir mit, daß das Weglassen des Chorals nicht von uns, sondern vom Reichsfremden-verkehrsverband verfügt wurde. Ein Gast hat sich auch schriftlich um Aufklärung dorthin gewandt. Die Antwort lautete, daß auch Gäste in Kurorten weilen, die an Stelle des Chorals ein anderes Orchesterstück hören möchten usw. ... Die Choräle ersetzen wir durch Lieder und sonstige geeignete Stücke." [155]

Eine weitere Verengung des Repertoires trat ab dem Sommer 1942 durch eine An-frage der *„Reichsmusikprüfstelle"* ein. Man wollte in Berlin wissen, warum in Bad Reichenhall *„Werke feindstaatlicher Komponisten"* gespielt würden.

---

151) AKV, 1940, Reichspropagandaamt München-Oberbayern, Schreiben vom 14. Juni 1940
152) AKV, 1940, Badkommissariat, Schreiben vom 18. Juni 1940
153) AKV, 1940, Reichsfremdenverkehrsverband, Schreiben vom 27. Mai 1940. (Bei den anderen ins Auge ge-faßten Bädern handelte es sich um: Bad Aachen, Bad Gastein, Karlsbad, Bad Kissingen, Marienbad, Bad Nauheim, Bad Oeynhausen, Bad Pyrmont, Bad Salzuflen, Wiesbaden)
154) AKV, 1941, Staatliches Badkommissariat Bad Kissingen, Schreiben vom 25. Juli 1941. (Die „Anweisung" ist im Original nicht in dem durchgesehenen Aktenbestand vorhanden; sie ist nur durch den geschilderten Schrift-wechsel bekannt!)
155) AKV, 1941, Badkommissariat, Schreiben vom 2. August 1941

Der Dirigent Florenz Werner (x) und das Bad Reichenhaller Kurorchester im Kriegsjahr 1942. Werner war bereits 68 Jahre alt; im Jahr darauf verabschiedete er sich in den Ruhestand.

„... *Laut hier vorliegender Mitteilung hat das dortige Staatliche Kurorchester in der Woche vom 4. - 10.7.1942 Werke von folgenden französischen Komponisten gespielt: B. Godard, E. Auber, Fr. Popy, Ch. Gounod, E. Lalo, E. Boieldieu, H. Berlioz, H. Massenet, A. Adam, A. Thomas und L. Delibes ...*" [156] Wie auch dem Leiter des Orchesters bekannt sein müsse, sei das Spielen solcher Stücke gemäß einem ›*Erlaß von Reichsminister Dr. Goebbels vom 2.9.1939*‹ *verboten.*" Man bitte um Aufklärung wie es dazu kommen konnte [157]. Badkommissär W e i n g ä r t n e r erwiderte, daß Kapellmeister W e r n e r künftig Musikstücke französischer Komponisten vermeiden würde, „*so sehr dadurch eine abwechslungsreiche Programmgestaltung, wie sie unser Publikum trotz starker Heranziehung zeitgenössischer Musik verlangt, weiter erschwert würde*". Von einem Verbot, französische Musik zu spielen wäre dem Kapellmeister bisher nichts bekannt gewesen; nur „*inoffiziell*" hätte er erfahren, daß das Spielen französischer Komponisten „*nicht gerade erwünscht*" sei. W e i n g ä r t n e r wies auch darauf hin, daß die Musikakademie in Mannheim für den kommenden Winter die „*Harald-Symphonie von Hector Berlioz*" angekündigt hätte... [158]

Das fünfte Kriegsjahr 1943 brachte durch eine „*Polizeiverordnung*" des „*Reichsministers für Volksaufklärung und Propaganda*" (Goebbels) vom 1. Januar 1943 weitere, gravierende Einschränkungen. Es durften künftig in erster Hinsicht nur solche Personen in den Heilbädern aufgenommen werden, die sich durch ein ärztliches Zeugnis (*„nach vorgeschriebenem Muster")* ausweisen könnten. Dabei war der frei verfügbare Beherbergungsraum ohnehin schon sehr knapp geworden (acht Reservelazarette!) und es bestanden die bekannten Schwierigkeiten bei der Verpflegung (Lebensmittelkarten!).

Dennoch war der Tenor der Pressemitteilung, die der Badkommissär zur Saisoneröffnung herausgab alles in allem zuversichtlich und einladend. W e i n g ä r t n e r sprach davon, daß sich bereits 1100 Kurgäste in Bad Reichenhall aufhielten, was als Beweis dafür angesehen werden könne, daß das Staatsbad als Heilkurort auch „*in Zeiten schwerster Erschütterungen*" seinen Ruf behielte und immer heilbedürftige Gäste beherbergen würde. Auch das „*Landessymphonieorchester Westmark*" sei schon vor einigen Tagen eingetroffen und würde am Samstag (1. Mai), nachmittags von 16.00 - 18.00 Uhr in der Wandelhalle sein erstes Konzert geben [159]. In der folgenden Textpassage wird die Allgegenwart des Krieges völlig verdrängt:

„*...Der Kurgarten und die Wandelhalle sind zum Empfang unserer Sommergäste bereit. Dutzende von neugestrichenen, bequemen, grünen Bänken ... laden zum Verweilen. Der Solespringbrunnen sendet wieder seine Strahlen ins Brunnenbecken, im Gradierhaus rieselt die zerstäubende, kühle Sole über das Dornengestrüpp ... Zwischen Vergißmeinnicht drängen die Tulpen zur Entfaltung, die hellgelben For-*

---

156) AKV, 1942, Reichsmusikprüfstelle, Schreiben vom 29. Juli 1942
157) Ebenda
158) AKV, 1942, Badkommissariat, Schreiben (ohne Datum) nur als Manuskript auf der Rückseite des Briefes der Reichsmusikprüfstelle erhalten
159) AKV, 1943, Badkommissariat, Pressemitteilung zum „Beginn der Kriegskurzeit 1943", ohne Datum

sythien leuchten ... im ersten zarten Grün der Bäume jubilieren die Finken und flö-
ten die Amseln ... "[160)]

Dieses Kriegsjahr 1943 brachte zum Saisonende (1. Oktober) das Ausscheiden des Dirigenten Florenz W e r n e r, der nach nunmehr 18 Sommern in Bad Reichenhall in den Ruhestand trat[161)]. Er verabschiedete sich mit einem Symphoniekonzert im ausverkauften Kursaal. Auf dem Programm standen Glucks Ouvertüre zu *„Iphi-genie in Aulis"*, Franz Schuberts *„Unvollendete"* und Beethovens *„Eroica"*. Der Rezensent skizzierte noch einmal W e r n e r s Verdienste um das Musikleben in Bad Reichenhall und nannte ihn einen Vollblutmusiker:

„... Denn man geht nicht zu weit, wenn wir unseren Kapellmeister W e r n e r einen Vollblutmusiker nennen, der bei der Interpretation einer Partitur sich seines äuße-ren Menschtums voll und ganz entäußert und in der Nachschöpfung eines Werkes seine Seele mitschwingen läßt ... Wenn wir nun uns ein Bild Florenz W e r n e r s ge-zeichnet haben, das ihn in der Blüte einer intensiven Dirigiertätigkeit uns entge-gentreten läßt, dann muß man auch eines wesentlichen Moments gedenken, das ge-rade für den Leiter eines Kurorchesters schwer in die Waagschale fällt. Das ist die Programmgestaltung. ... Nicht nur der Unterhaltung darf die Musik dienen, sie soll auch den Geschmack bilden und veredeln und unsere großen Meister sprechen eine so eindeutige und reine Sprache, die eines verständigen Dolmetschers bedarf, soll sie in ihrer Klarheit und Schönheit einen ebenen Weg zu unseren Herzen finden. Un-ser Florenz W e r n e r hat auch diese Aufgabe in einer vorbildlichen Weise erfüllt ... "[162)]

Nachfolger W e r n e r s wurde der Kapellmeister Ernst S c h m e i ß e r (wie Werner selbst aus Dresden). Der bisherige zweite Kapellmeister Gerhard W i e s e n h ü t t e r blieb auch weiterhin in dieser Funktion.

Die Konzerttätigkeit im Frühjahr 1944, soweit bei den ständigen Einberufungen, Umstrukturierungen und Neubesetzungen überhaupt noch von einer solchen ge-sprochen werden kann, begann erst spät. Erst Mitte Juni war das Orchester voll-zählig in Bad Reichenhall versammelt. Schon etwa zwei Monate später (Mitte Au-gust 1944) wurden allerdings durch eine *„Generalverfügung"* des Propagandami-nisteriums alle deutschen Kulturorchester zum 1. September *„stillgelegt"*. Damit war das vorläufige Ende des Pfalzorchesters und der Konzerttätigkeit in Bad Rei-chenhall gekommen[163)]. Die Musiker mußten nach Ludwigshafen zurückreisen, wurden zur Wehrmacht eingezogen oder in anderer Form dienstverpflichtet. Nur drei oder vier Musiker konnten in Bad Reichenhall bleiben. Zurücklassen mußte das Orchester damals auch alle Instrumente und sein gesamtes Notenmaterial, weil die Bahn die benötigte Transportkapazität nicht zur Verfügung stellen konn-te.

---

160) Ebenda
161) Werner zog nach Dresden und stand mit Weingärtner noch in brieflicher Verbindung. Sein letztes Schreiben datiert vom 18. November 1944. Über Werners weiteres Schicksal sind wir nicht informiert.
162) AKV, 1943, Abschied von Florenz Werner (Adalbert Matthaeus), Reichenhaller Tagblatt, 26. August 1943
163) Das Pfalzorchester fand sich im September 1945 in Ludwigshafen wieder als Kleinensemble zusammen und spielte für die französische Besatzungsmacht. Im März 1946 war es wieder komplett und begann mit seiner Konzerttätigkeit. 1949 konnte es unter seinem GMD Bernhard Conz sein 30-jähriges Jubiläum feiern.

Ein letzter Brief Weingärtners an Florenz Werner wirft einige Schlaglichter auf die Situation des ausgehenden Jahres 1944:

„... In Bad Reichenhall ist fast alles beschlagnahmt. Diese Tage kam auch der Hofwirt noch dran, sodaß mit der Aufnahme des Fremdenverkehrs in absehbarer Zeit wohl kaum zu rechnen ist. Das Orchester hat sich ja auch aufgelöst, viele Herren sind zum Heeresdienst einberufen worden, einige befinden sich hier in Arbeit und zwar Herr Knöchlein [164] und Herr Aderhold. Ferner sind Herr Meisel und Friedrich wegen Krankheit zur Zeit hier. Die Instrumente und viel Notenmaterial sind ebenfalls hier untergebracht. Hoffen wir, daß wir alles gut erhalten können...“ [165]

---

164) Der Cellist Knöchlein fand mit seiner Familie (Frau und Kind) beim Fliegerangriff am 25. April 1945 auf Bad Reichenhall den Tod.
165) AKV, 1944, Badkommissariat, Schreiben vom 31. Dezember 1944

Die Orchestergemeinschaft von 1945 - 1947

Rund sechs Wochen nach Kriegsende, am 22. Juni 1945, fand in der Wandelhalle, unter der Leitung von Kurt Schäffer das denkwürdige erste Konzert einer Konzertgemeinschaft statt, die sich in Bad Reichenhall zusammengefunden hatte. Dieses Konzert, das mit Zustimmung der amerikanischen Besatzungsmacht stattfinden durfte und von rund 1200 Personen besucht worden war, sorgte für anhaltenden Gesprächsstoff. Trotz der Zerstörungen infolge des Fliegerangriffs, trotz des Flüchtlingselends, der Knappheit in allen Bereichen und trotz der Zwänge durch die Besatzungstruppen glaubten viele Menschen in diesem Musikereignis ein erstes Zeichen zu erkennen, das eine nahende, bessere Zeit versprach; man empfand Hoffnung und Zuversicht[166].

Nach jenem ersten so erfolgreichen Auftritt einer bunt zusammengewürfelten Orchestergemeinschaft folgten noch einige weitere Sommerkonzerte. Neben der Wandelhalle konnte auch der Theatersaal im Hotel Deutsches Haus (heute verschwunden) genutzt werden.

Was war geschehen? Die große Musiktradition von Bad Reichenhall war nicht vergessen. Einige ehemalige Mitglieder des Pfalzorchesters hatten sich wieder in Bad Reichenhall eingefunden, andere Musiker waren hier aus dem Militärdienst entlassen worden. Dazu kamen Musiker aus den Reihen der vielen Flüchtlinge und Heimatvertriebenen (Sudetendeutsche), die es hierher verschlagen hatte. Jedenfalls waren bald Verbindungen hergestellt, man setzte sich zusammen und gruppierte schließlich ein Orchester. Selbstverständlich fehlten einige Instrumente sowie Noten, manches war nicht so wie es sein sollte, doch im „Organisieren" war man seinerzeit groß.

Die formelle Gründung der Orchestergemeinschaft fand schließlich am 1. Oktober 1945 im Hotel Goldener Löwe (heute verschwunden) statt. Das Orchester formierte sich aus 28 Musikern, 1. Vorsitzender und Dirigent wurde Hans Resch. Die Orchestergemeinschaft (besser Notgemeinschaft) von damals hatte, außer der Genehmigung durch die Amerikaner (Musik- und Theaterkontrollamt), noch keine rechtlichen Grundlagen. Sie war also weder ein Privatverein, im Sinne einer Gesellschaft des Bürgerlichen Rechts, noch ein „eingetragener" Verein da noch alle Voraussetzungen fehlten. Mit seiner Orchestergründung so kurz nach dem Kriege stand jedoch Bad Reichenhall an der Spitze vor allen anderen Städten im Nachkriegsdeutschland.

Ob sich das Orchester auch im Winter zu sporadischen Konzertveranstaltungen

---

166) Der Autor dieser Zeilen war damals als Bub zu Besuch bei seiner Tante in Bad Reichenhall, die einem Orchestermusiker bei der komplizierten Beschaffung einer Baßgeige behilflich war (Schmuggel aus Österreich). Er kann sich auch lebhaft daran erinnern, daß allenthalben von jener ersten, eindrucksstarken Konzertveranstaltung gesprochen wurde.

zusammenfand ist nicht gesichert; allein das Heizproblem dürfte ein unüberwindliches Hindernis gewesen sein.

Als man im Frühjahr 1946 mit etwa 500 Gästebetten den zaghaften Versuch wagte, die erste Nachkriegs-Kursaison zu eröffnen, stand wenigstens bereits ein komplettes Orchester zur Verfügung. Das Badkommissariat unter der Leitung Franz Weingärtners konnte einen ersten Vertrag mit dem Ensemble vereinbaren. Aus der Zeitung war zu vernehmen:

„Im Kurgarten wird das Stadtorchester mit Ausnahme von Montag und Samstag abends Konzerte geben. Ferner sind für jeden Sonntag Nachmittags- und Abendkonzerte geplant. Dieser bescheidene Anfang wird hoffentlich der erste Schritt auf dem langen mühevollen Weg sein, der Bad Reichenhall wieder zu einem Weltbad werden läßt". [167)]

Das Orchester trat nun auch wieder unter der Bezeichnung *„Kurorchester"* auf oder man firmierte *„Städtisches Orchester / Staatliches Kurorchester".* Das feste Engagement während der Sommerzeit brachte etwas Sicherheit. Nicht zuletzt erwuchs ja dadurch für die Musiker nun die Berechtigung, während der beschäftigungslosen Wintermonate Arbeitslosen-Unterstützung zu beziehen.

Das Repertoire des Orchesters orientierte sich eng am Geschmack des Publikums – deshalb wurde damals der Programmpunkt *„Für jeden etwas"* eingeführt, ein Titel, der sich übrigens bis heute erhalten hat. Das Publikum wollte vorab Operetten- und Walzermelodien hören – so konnte es wohl am besten die Belastungen des Alltages verdrängen und vergessen.

Der Winter 1946/1947 brachte für die Orchestermusiker zwar Arbeitslosigkeit, die aber durch die kleinen Unterstützungszahlungen des Arbeitsamtes erträglicher wurde.

Am Ostermontag 1947, zum Auftakt der neuerlichen Kursaison, wurde eine Operettenveranstaltung angesetzt – *„Der Bettelstudent"* von Carl Millöcker. Die Gesangssolisten, Chor und Ballett kamen vom *„Theater im Schloß Dachau",* aus dem später die *„Münchner Volksoper"* hervorgehen sollte. Den Orchesterpart bestritt das Bad Reichenhaller Orchester und der Gastspieldirigent war: Dr. Willi Barth.

Die Rezension in der Zeitung war überschwenglich; war man doch in jener schweren Zeit für jede Freude dankbar, die einem beschert wurde:

„... Nach der Nachmittagsaufführung, die eine wohlabgerundete öffentliche „Generalprobe" gewesen zu sein schien, brachte der Abend eine in allen Teilen geradezu glänzende Aufführung. In der Musik ist vom ersten bis zum letzten Takt nichts Schwerfälliges, nichts Belastendes, alles fließt leicht, perlend, charmant, reizvoll da-

---

167) Südost-Kurier; hier zitiert nach Fritz Hoffmann, 125 Jahre Kurort Bad Reichenhall, hsg. von der Staatlichen Kurverwaltung 1971, S. 19

Hans Resch (x) war der 1. Vorsitzende und Dirigent der Orchestergemeinschaft, die sich nach dem Kriege bereits im Jahre 1945 konstituierte.

hin. Die Pikanterie des Rhythmus, in dem natürlich dem Stoff entsprechend die Pol-
ka-Mazurka dominiert, wird kaum von einer modernen Operette erreicht. Dabei den
ganzen Abend kein süßlicher, schmalziger Schlager, obwohl fast jede Nummer „ein-
schlägt" ... Das Ganze war vortrefflich einstudiert, sowohl von seiten des Gesangs-
ensembles als auch des Orchesters ... Es bestand aus Mitgliedern unseres Kuror-
chesters, die sich trefflich in die Rolle als Theatermusiker fügten. So wirkte das Ganze
unter der energischen Stabführung von Willi Barth wie ein längst eingespieltes Re-
pertoirestück ... Da die Handlung in Krakau 1704 spielt, waren die improvisierten,
auf unseren derzeitigen Kalorienmangel mehr oder minder zart anspielenden Cou-
plets ziemlich schmerzliche Anachronismen. Das Haus war ausverkauft und an-
scheinend ging keiner unbefriedigt von dannen:[168]

Möglicherweise hatte sich das Orchester schon zu diesem Operettenauftakt ver-
größert, jedenfalls zählte das Orchester während der sommerlichen Kurkonzerte
37 Musiker. So war es möglich, auch wieder öfters Symphonisches auf das Programm zu setzen. Allerdings war abzusehen, daß Hans R e s c h mit dem Ausklang
der Kurkonzert-Saison 1947 seine Tätigkeit aufgeben wollte. Die Position war also
vakant und der Vorstand mußte sich um einen Nachfolger bemühen.

Da die „*Volksoper München*" im Oktober 1947 mit einer Opernfestwoche („*Der Bar-
bier von Sevilla*", „*Martha*", „*Der Waffenschmied*", „*Die lustigen Weiber von Windsor*", „*Der Vetter aus Dingsda*" und „*Ein Walzertraum*") in Bad Reichenhall gastierte
und wieder der junge Dirigent Dr. Willi B a r t h mit Erfolg die Aufführungen leitete, wurde das Naheliegende in die Tat umgesetzt; man sprach mit B a r t h und
konnte ihn schließlich für die neue Aufgabe in Bad Reichenhall gewinnen.

---

168) Archiv Dr. Barth (AB), Südost-Kurier, 12. April 1947

Das Philharmonische Orchester und die Ära Dr. Wilhelm Barth (1947-1957 und 1962-1984)

Biographische Anmerkungen

Dr. Wilhelm Barth wurde am 6. Oktober 1914 als Sohn eines Eisenbahnbeamten in Bayerisch Eisenstein geboren. Schon im Alter von vier Jahren kam er, bedingt durch die Versetzung des Vaters nach München. Hier absolvierte er seine Schulzeit, die 1934 mit dem Abitur am Humanistischen Gymnasium Pasing beendet wurde.

Seine musikalische Ausbildung holte er sich an der Staatlichen „Akademie der Tonkunst" in München (1934 - 1937), wo er 1936 das Reifezeugnis im Hauptfach „Katholische Kirchenmusik" und 1937 im Hauptfach „Dirigieren" erhielt. Barths Lehrer waren die Professoren: Ludwig Berberich (Katholische Kirchenmusik), Joseph Haas (Kompositionslehre), Gottfried Rüdinger (Harmonielehre), Heinrich Knappe (Orchester-Direktion), Carl Ehrenberg (Opern-Direktion), Richard Trunk (Chor-Direktion), August Pfeifer (Klavier), Hermann Sagerer (Orgel). Parallel zu seinem Musikstudium war Barth seit 1934 auch Student an der Münchener Universität, wo er die Fächer Musikwissenschaft, Psychologie und Zeitungswissenschaft hörte. Doch bevor er diesen zweiten Studiengang abschließen konnte, wurde er 1939 zur Wehrmacht eingezogen und blieb umständehalber Soldat bis 1945. Als Kriegsteilnehmer (Infanterie-Funktruppenführer) wurde er in Frankreich und später in Rußland eingesetzt. Im Winter 1940/41 war es ihm allerdings in einem Prüfungsurlaub vergönnt, seine Dissertation über den Barockmeister Franz Xaver Richter (1709 - 1789) zu vollenden und so promovierte Barth bei Prof. Dr. Rudolf von Ficker zum Doktor der Philosophie (Dr. phil.).

Nach dem Krieg war Dr. Barth zunächst Chordirektor (gleichzeitig für drei Münchener Pfarreien), Liedbegleiter prominenter Sänger und Gastdirigent. In dieser Eigenschaft dirigierte er 1945 u. a. dreimal das Verdi-Requiem mit den neu formierten Münchener Philharmonikern und vier Kirchenchören. Anfang 1946 dirigierte Dr. Barth Otto Nikolais *„Die lustigen Weiber von Windsor"*, die als erste *„Funk-Oper"*, seinerzeit von „Radio München" ausgestrahlt wurde. Im selben Jahr bekam er auch die musikalische Leitung des „Theater im Schloß Dachau" übertragen und wurde 1947 Mitbegründer und Chefdirigent der daraus hervorgegangenen „Volksoper München". Gastspielreisen mit seinem Opernensemble führten ihn u.a. auch nach Bad Reichenhall, wo man ihm schließlich noch im selben Jahr die Leitung des Orchesters anbot.

In Bad Reichenhall wirkte Barth von 1947 - 1957 und von 1962 - 1984; in den

Interimsjahren 1957 - 1962 arbeitete er als Kulturredakteur bei der Zeitschrift „Europa" und übernahm Gastdirigate im In- und Ausland.

In Bad Reichenhall hat er viele Ideen verwirklichen können. Auf seine Initiative gehen sowohl die winterlichen „Abonnements-" wie die sommerlichen „Meisterkonzerte" zurück. Barth führte aus Prestige-Gründen den Namen „Philharmonisches Orchester" ein und gründete den „Philharmonischen Chor", um dem Publikum neue Klangwelten zu erschließen. Vor allem galten jedoch seine ständigen Bemühungen dem möglichst hohen Niveau des Orchesters, den Klangkörper in ein Ganzjahres-Orchester zu wandeln und schließlich dessen Anerkennung als Kultur-Orchester durchzusetzen.

Für seine Verdienste wurden Dr. Barth zahlreiche Ehrungen und Auszeichnungen zuteil:

1963: Goldene Ehrennadel des VdK Bayern

1964: Goldenes Stadtsiegel der Stadt Bad Reichenhall

1967: Michael-Haydn-Medaille der Salzburger Liedertafel

1974: Goldene Ehrennadel der Stadt Bad Reichenhall

1976: Ehrenurkunde der Kurverwaltung Meran

1979: Ernennung zum Musikdirektor durch die Stadt Bad Reichenhall und das Bayerische Staatsministerium für Unterricht und Kultus

1980: Verleihung des Bundesverdienstkreuzes am Bande

1984: Verleihung der Goldenen Ehrennadel des Kur- und Verkehrsvereins Bad Reichenhall

1984: Kulturpreis der Stadt Bad Reichenhall

1986: Verleihung der Bürgermedaille der Stadt Bad Reichenhall

1987: Verleihung des Bundesverdienstkreuzes I. Klasse

Das Orchester ringt um seinen Bestand

Als Dr. Wilhelm Barth am 1. Dezember 1947 die Leitung des Orchesters übernahm, war der damals 33jährige Dirigent beim Bad Reichenhaller Konzertpublikum kein Unbekannter mehr. Seine erfolgreichen Opern- und Operettenaufführungen, als Gastdirigent der Münchner Volksoper, hatten ihm bereits in Bad Reichenhall eine „gute Presse" eingebracht und die Musikfreunde waren überzeugt, daß dieser junge Mann für das Bad Reichenhaller Orchester ein Gewinn sein würde.

Schon für den 13. Dezember hatte Barth ein „Eröffnungskonzert" anberaumt und damit gleichsam die winterliche Konzertsaison 1947/48 aufgenommen. Auf den Programmzetteln wurden damals die folgenden Werke angekündigt:

1) „Les Préludes", von Franz Liszt
2) „Variationen über ein Thema von Joseph Haydn", von Johannes Brahms
3) „I. Symphonie, c-Moll", von Johannes Brahms

Das Konzert im Staatlichen Kurhaus war ausverkauft und der Rezensent der Zeitung bescheinigte der Aufführung volles Lob:

„... Dr. Willi Barth, der von seinem früheren hiesigen Auftreten bereits vorteilhaft in Erinnerung stehende jugendliche Dirigent, hat sich mit diesen Werken wie auch mit dem an die Spitze des Programms gestellten, brillant verankerten symphonischen Präludium von Franz Liszt als neuer musikalischer Betreuer unseres Orchesters bestens eingeführt. Gesamtklang, rhythmische Beweglichkeit und Schattierungsfähigkeit verdienen volles Lob ..."[169]

Da es sich bei dem Städtischen Orchester/Kurorchester von 1947 um ein Ensemble handelte, das nach herkömmlichem Muster, nur während der Sommer-Kurzeit unter Vertrag stand, waren die Musiker in den Wintermonaten ohne geregeltes Einkommen und auf Zahlungen aus der Arbeitslosenunterstützung angewiesen. Es galt also eigene Konzertveranstaltungen gegen Entgeld zu organisieren, um ein kleines „Zubrot" zu verdienen. Dies wollte der neue Dirigent mit Nachdruck besorgen, und so entwickelte er die Idee, eine Anzahl Konzerte, gewissermaßen als Bündel im *Abonnement* anzubieten und zu verkaufen. (Daß die seinerzeitige Idee Barths ein großer Erfolg wurde, ist schon daran zu ersehen, daß es die winterlichen „*Abo-Konzerte*" bis auf den heutigen Tag gibt; und auch heute noch fließen die Einnahmen daraus dem Orchester unmittelbar zu!)

Schon im Programm für das Eröffnungskonzert, später auch in der Tageszeitung wurde auf diese neue Möglichkeit, Konzertkarten im Abonnement zu erwerben, hingewiesen:

Das Orchester kündigte an, während der vier Wintermonate Januar - April acht Konzerte geben zu wollen und zwar monatlich je ein „*Populäres Konzert*" sowie je ein „*Symphonie-Konzert*". „*Namhafte Solisten*" sollten jeweils hinzugezogen werden. Konzertliebhabern winkte bei der Belegung aller acht Konzerte eine Preisreduzierung von 20% gegenüber den Einzelpreisen. Als Eintrittspreise forderte man 40,– RM (1. Platz), 30,– RM (2. Platz) und 20,– RM (3. Platz). Auch über das ins Auge gefaßte Programm für diese Konzerte wurde man schon kurz informiert. Für die „*Populären Konzerte*" waren vorgesehen: 1) Ein Opern- und Operetten-Abend, 2) Ein Wiener Operetten- und Walzer-Abend, 3) Ein Richard Wagner-Abend und

---

169) Archiv Dr. Barth (AB) „Symphoniekonzert, das Städtische Orchester Bad Reichenhall musiziert unter neuer Leitung", Südost-Kurier, 17. Dezember 1947

4) Ein moderner Operetten-Abend. Die angekündigten Gesangssolisten kamen alle von der Volksoper München, Barths frühere Wirkungsstätte. Für die monatlichen „*Volks-Symphonie-Konzerte*" wurden 1) „Romantiker", 2) „Mozart", 3) „Beethoven" und 4) „Slawische Meister" angekündigt. [170)]

Diese ersten „Abonnementkonzerte" im Winter 1948 waren ein voller Erfolg, wie in den Rezensionen in der Reichenhaller Zeitung nachzulesen ist. So fand Alfred Baresel [171)] es als besonders begrüßenswert, daß auch „*Slawische Meister*" (Smetana, Tschaikowsky) auf dem Programm standen, Werke, die dem Publikum während der langen Jahre der NS-Zeit als „*unerwünscht*" vorenthalten worden wären. [172)]

Neben den Konzerten in Bad Reichenhall spielte das Orchester sein Repertoire auch auf Tournee-Veranstaltungen in elf Orten des näheren und weiteren Umlandes: In *Bad Aibling, Berchtesgaden, Dachau, Erding, Inzell, Kolbermoor, Landsberg, Laufen, Rosenheim, Ruhpolding* und *Traunstein*.

Dr. Barth im Gespräch: „*Sie können sich heute kaum mehr Vorstellungen machen, mit welchen Schwierigkeiten und Unbilden wir zu kämpfen hatten – die Fahrten über die Dörfer auf Holzgas-getriebenen Lastwagen, nur durch eine Zeltplane geschützt; und dann die Konzerte selbst in meist nur knapp geheizten Sälen!*" – Dennoch die Konzerte waren in der Regel ausverkauft. Das Publikum kam und lauschte in Jacken und Mäntel gehüllt und war dem Orchester für seine Darbietungen dankbar. Musik zu hören und zu genießen, gehörte zu den wenigen Freiheiten, die damals im besetzten Deutschland den Menschen geblieben waren. Der Ruf des Orchesters im Lande wuchs und so konnte nicht allen Wünschen nach Konzertauftritten nachgekommen werden.

Am Ende der winterlichen Konzertsaison war aus der Zeitung unter der Überschrift „*Neubau unseres Musiklebens*" viel Lobenswertes zu entnehmen:

„*Das Bad Reichenhaller Kur- und Stadtorchester ist konzertreif und sozusagen reisefertig geworden und in der Lage, auch die Nachbarorte abwechslungsreich zu betreuen, nachdem dieser ausgezeichnete Orchestererzieher Dr. Willi Barth, der es im vorigen Dezember übernahm, bereits eine Vielzahl von Werken mit ihm einstudiert hat ...*" [173)]

Das erste Kurkonzert unter Barths Leitung fand am 1. Mai 1948 statt. Es war Feiertag und das Programm mit Beethovens „*Hymne an die Natur*", Wagners „*Meistersingervorspiel*", Tschaikowskys „*Italienisches Capriccio*" u. a. ließ ein Festkonzert erwarten und die Reaktionen waren auch entsprechend positiv.

„*... Eine die weite Wandelhalle bis auf den letzten Platz füllende Zuhörermenge war herbeigeströmt und folgte mit Aufmerksamkeit dem abwechslungsreichen Programm.*"

---

170) AB, Südost-Kurier, 17. Dezember 1947
171) Alfred Baresel, ein namhafter Musik-Rezensent, der ursprünglich bei Teichmüller/Leipzig (Klavier) studiert hatte, war bei Kriegsende nach Berchtesgaden verschlagen worden, wo er mit seiner Familie wohnte. Während der ersten Nachkriegsjahre lebte er von kleinen Berichten und Rezensionen im Südost-Kurier (das „Reichenhaller Tagblatt" wie auch der „Berchtesgadener Anzeiger" durften damals nicht erscheinen!). Alfred Baresel folgte später einem Ruf zur „Frankfurter Neue Presse", erwarb sich in den Folgejahren einen hervorragenden Namen als Rezensent und galt schließlich geradezu als Nestor der deutschen Musikkritikergilde.
172) AB, Neubau unseres Musiklebens (Alfred Baresel), Südost-Kurier, 21. April 1948
173) Ebenda

... Der neue Leiter der Kurkonzerte, Herr Dr. Willi Barth (der übrigens eine un-verkennbare äußere Ähnlichkeit mit dem bekannten Portrait des jugendlichen Liszt hat!) versteht es ausgezeichnet, Enthusiasmus und Temperament auf seine Künst-lerschar zu übertragen, so daß sein Urmusikantentum Spieler und Hörer in seinen Bann zu ziehen vermag ..." [174]

Trotz der Mühen der täglichen Kurkonzerte (rund 400 während der sommerlichen Kursaison), wurden auch für die Sommermonate Symphoniekonzerte anberaumt. Da Abonnementkonzerte im Sommer wegen der ganz anders gelagerten Verhält-nisse unverkäuflich gewesen wären, jedoch die Notwendigkeit bestand, die som-merlichen Symphoniekonzerte unter einem klangvollen Titel zu subsumieren, er-fand Dr. Barth den Begriff *„Meisterkonzerte"* [175], ebenfalls eine Bezeichnung, die bis heute gebraucht wird.

Ein Ereignis allerdings veränderte damals mit einem Schlage alle Gegebenheiten und Bedingungen: Die Währungsreform [176] im Frühsommer (Juni) des Jahres 1948. Für das Orchester bedeutete dieser Einschnitt zwangsläufig schwierigere Exi-stenzbedingungen. Saß die vormalige R-Mark beim Publikum locker in der Tasche, wurde die neue, „harte" D-Mark nur behutsam und zögernd ausgegeben. Viele über-legten, ob man sich einen Konzertbesuch noch leisten könne, ob es nichts wichti-geres gäbe. Kurz: Die Zahl der Konzertbesucher wurde knapp!

Es tat sich aber vorerst noch ein anderes Problem auf; es war nämlich nach der Währungsumstellung noch lange nicht selbstverständlich, ob das Staatliche Bad-kommissariat auch weiterhin ein zahlenmäßig so großes Orchester würde bezah-len können – neue Unsicherheiten für das Orchester und für die Existenz der ein-zelnen Musiker.

„Die Kultur ist niedrig im Kurs!" – so räsonierte ein Kolumnist in der örtlichen Pres-se und stellte fest, daß angesichts der über Nacht gefüllten Schaufenster, *„viele vom Rausch des Kaufes erfaßt"* wären und die *„geistige Nahrung"* vorläufig zurückge-drängt würde. In dem Maße wie etwa die Buchhändler derzeit zu darben hätten („Zeitschriften werden gekündigt, meist literarische"), das *„Reichenhaller Volks-theater"* [177] unter Maximilian Vitus eine *„Notgemeinschaft"* (= Teilungskollektiv) bil-den würde, so müsse eben auch das Reichenhaller Kurorchester sehen, wie es über die nächsten Monate komme:

„Es ist zweifellos deprimierend, wenn das Reichenhaller Kurorchester vor wenigen gefüllten Reihen musiziert und wenn es sich eingestehen muß, daß ein Symphonie-konzert ... eine riskante Sache geworden ist. Hoffentlich gelingt es, dieses uns lieb gewordene Orchester, das unter seinem Dirigenten Dr. Willi Barth beachtliche Lei-

---

174) AB, Wiederbeginn der Kurkonzerte 1948, Südost-Kurier
175) Während die Erlöse aus den Abonnement-Konzerten, wie bereits erwähnt dem Orchester (Stubenvoll), gut-geschrieben wurden, flossen die Einnahmen aus den Meisterkonzerten in die Kasse des Badkommissariats.
176) Die „Reichsmark" wurde im Verhältnis 10:1 abgewertet und die „Deutsche Mark" (DM) eingeführt. (Es han-delte sich dabei um die dritte in dieser Arbeit erwähnte Währungsreform innerhalb eines Dreivierteljahr-hunderts!)
177) Das „Reichenhaller Volkstheater", 1912 von Josef Meth gegründet, gehörte, was weithin in Vergessenheit ge-raten ist, zu den ersten und führenden Bauernbühnen in Bayern. Die Schwänke von Maximilian Vitus zählen noch heute zum unverzichtbaren Repertoire aller bayerischen Bauerntheater!

stungen erzielte und fast nicht mehr wegzudenken ist, nicht nur der Stadt und dem Kurort, sondern dem ganzen Rupertiwinkel zu erhalten. Es wäre wirklich die empfindlichste Einbuße, die unser kulturelles Leben erleiden würde. Nun heißt es tatsächlich, die Zähne zusammenbeißen und daran denken, daß dieser Zustand ein vorübergehender ist."[178]

Es war in jenen schwierigen Tagen nicht zuletzt dem amtierenden Badkommissär Franz Weingärtner zu verdanken, daß das Orchester nicht zerbrach, auch nicht verkleinert wurde, sondern in seiner Besetzung von 40 Musikern verbleiben durfte. Allerdings mußte es der Klangkörper hinnehmen, daß die ohnehin kleinen Gagen linear um ein Drittel gekürzt wurden.

Trotz dieser erschwerten Bedingungen war das Orchester von dem Willen beseelt, durchzuhalten und beste Leistungen (auch auf dem Gebiete der vergleichsweise routinemäßigen Kurkonzerte) zu erbringen. Auch der Dirigent widerstand einem Angebot, wieder nach München an die Volksoper zurückzukehren und hielt seinem Orchester die Treue.

Noch bevor das Sommerhalbjahr 1948 zu Ende ging, gastierte am 20. September 1948 erstmalig nach dem Kriege das *„Landestheater Salzburg"* mit Franz Lehars Operette *„Die lustige Witwe"* in Bad Reichenhall. Das Kurorchester übernahm dabei unter der Leitung seines Dirigenten den musikalischen Part. Die Aufführung war so erfolgreich, daß sie bereits am 4. Oktober wiederholt werden konnte.

Nach dem 30. September und dem Vertragsende als „Kurorchester" war die Existenz des Orchester noch stärker gefährdet als vor Jahresfrist. Der Überlebenswille des Klangkörpers kam in einer weiteren Verstärkung aller Anstrengungen zum Ausdruck. So spielte man zunächst bis zum 17. Oktober 1948 weiter Kurkonzerte (ohne Entgeld) und bereitete gleichzeitig ein noch gedrängteres und abwechslungsreicheres Winterprogramm vor.

Das Orchester fand aber auch Unterstützung durch die damalige Zeitung, dem Südost-Kurier und insbesondere in dem zuständigen Kulturredakteur, Alfred Baresel, einen treuen Verbündeten. Man wurde von dieser Seite nicht müde, immer wieder für das Orchester einzutreten, für seinen Bestand zu kämpfen und die Gefahren aufzuzeigen, die mit seinem Verschwinden verbunden wären:

„... wodurch Bad Reichenhall nicht nur einer kulturtragenden und weit über die Stadtgrenzen hinaus anerkannten Institution verlustig ginge, sondern darüber hinaus Gefahr liefe, im kommenden Sommer ohne Orchester eines wertvollen Anziehungspunktes für den Besuch des Heilbades beraubt zu werden. Insbesondere den Fremdenbeherbergungs-Betrieben und der Geschäftswelt müßte darum die Erhaltung des Orchesters besonders am Herzen liegen ..."[179]

---

178) AB, Kultur – niedrig im Kurs (E.H.), Südost-Kurier, 3. Juli 1948
179) AB, Das Kurorchester im Winter (Alfred Baresel), Südost-Kurier, 6. September 1948

Natürlich war es wichtig, daß den Bürgern die prekäre Situation vor Augen geführt wurde, so erließ auch der Stadtrat einen Aufruf, die Reichenhaller mögen durch regen Konzertbesuch während der Wintersaison *„Die materielle Grundlage für das Weiterbestehen des Orchesters"* gewährleisten:

„Unser Orchester ringt heute um seinen Bestand. Es bedarf der tatkräftigen Unterstützung all derer, die noch in der Lage sind, mit Beträgen zu rechnen, die über die Sicherung ihres Existenzminimums hinausgehen. Wir können uns eine Auflösung unseres Orchesters unter keinen Umständen leisten. Sie würde nicht nur die Zerstörung einer Kultureinrichtung von hohem Rang, sondern – und das muß besonders betont werden – eine unmittelbare materielle Schädigung unserer Stadt zur Folge haben." [180]

Ein erfreuliches Ergebnis all dieser Appelle und Aufrufe war, daß das *„Bayerische Staatsministerium der Finanzen"* schließlich dem Orchester als Überbrückungshilfe für den bevorstehenden Winter einen ersten Zuschuß in Höhe von DM 15.000,– gewährte. [181]

Der Philharmonische Chor

Da das Orchester bekanntlich nur während der sommerlichen Kursaison durch den Vertrag mit dem Badkommissariat über ein festes Einkommen verfügte, mußten die winterlichen Konzerte, die sozusagen in eigener Rechnung aber auch in eigenem Risiko veranstaltet wurden, sorgfältig überdacht und vorbereitet werden. Für die Konzerte des Winters 1948/1949 hieß dies, daß angesichts der knapp gefüllten Geldbörsen des Publikums (Währungsreform!), ganz besondere Angebote auf das Programm gesetzt werden mußten. Das Orchester hatte in den wenigen Monaten unter B a r t h s Leitung in zahlreichen Abonnement- und Meisterkonzerten schon ein breites Spektrum der bekannten symphonischen Musik aufgeführt und damit viel Anerkennung erworben. Ein Bereich der Musikliteratur war allerdings bisher verschlossen geblieben, die großen Werke der *Chormusik*. Es fehlte die Stimmgewalt eines großen Chores. Die Gründung eines solchen war nun B a r t h s Idee. B a r t h hatte sich in München auch als Chordirigent einen Namen gemacht, für Bad Reichenhall war ein solcher Großchor jedoch ein Novum. Das Ziel war zunächst, Bachs *Weihnachtsoratorium*. Alles weitere würde man sehen. Es war ein Experiment.

Bereits im Sommer 1948 erschien unter dem Titel *„Städtischer Singchor Bad Reichenhall"* eine entsprechende Notiz in der Tageszeitung:

„Erstmalig in der Geschichte Bad Reichenhalls geht ein qualifiziertes, spielstarkes Orchester mit hochstrebenden, aber bei der bisher gezeigten Aufgeschlossenheit der

---

180) AB, Ende 1948, „Was bedeutet unser Orchester für Bad Reichenhall", Flugblatt, herausgegeben und unterzeichnet mit „Stadtrat Bad Reichenhall" (ohne Datum)
181) AB, Aufstellung aller erhaltenen Zuschüsse, gemäß Schreiben Dr. Barths an das Philharmonische Orchester, 10. Januar 1952

Bevölkerung durchaus realisierbaren, künstlerischen Zielen in die Wintersaison. Um eine möglichst große Vielseitigkeit der Programmgestaltung gewährleisten zu können, sollen auch große Chorwerke zur Aufführung gelangen ...[182]

Der Aufruf richtete sich ganz bewußt erst einmal an die sangeskundigen Mitglieder der bereits bestehenden Singgemeinschaften wie die örtlichen *Kirchenchöre*, die *Liedertafel*, den *Liederkranz*, die *Turner-Sänger-Riege* und den *Arbeitergesangsverein*. Damit die Arbeit in den angesprochenen Chorgemeinschaften nicht gestört würde, versprach man, alle Proben- und Aufführungstermine so anzusetzen, daß *„keine Kollisionen"* entstünden. Außerdem, so wurde betont, sollte der Chor ein *„überkonfessionelles Gepräge"* haben und *„ausschließlich dem Zwecke konzertmäßiger Aufführungen unserer großen Meister"* dienen.

„Eine genügend zahlreiche Beteiligung vorausgesetzt, werden die Chorkonzerte der Wintersaison zweifellos Höhepunkte des kulturellen Lebens für Zuhörer und Mitwirkende werden!"[183]

Das Echo auf den kleinen, nur einmal veröffentlichten Hinweis war kolossal. Es meldeten sich über hundert interessierte Reichenhaller und Reichenhallerinnen – Hausangestellte, Handwerker, Beamte, Verkäuferinnen, Ärzte ... Nicht alle waren ganz sicher im Umgang mit Noten aber sie waren sangesfreudig und mit viel Lust bei der Sache. *„Es gab damals ja auch kaum Abwechslung"*, so Dr. Barth heute, *„es gab noch kein Fernsehen, die Grenze nach Salzburg war unerreichbar, denn fast niemand besaß ein Auto!"*

So entstand eine Singgemeinschaft, die nach harter Probenarbeit zusammenwuchs und schließlich am 29. Dezember 1948 als *„Philharmonischer Chor"* debütierte. Das gesteckte Ziel war erreicht ...Zusammen mit dem *Philharmonischen Orchester*[184] und einigen Gesangssolisten kam es zur Aufführung des *„Weihnachtsoratoriums"* von Johann Sebastian Bach. Eine derartige Veranstaltung im Staatlichen Kurhaus war für Bad Reichenhall eine Neuheit und das Publikum dankte dem Orchester und allen Mitwirkenden mit großem Beifall. In der Zeitung war eine ausführliche Rezension nachzulesen:

„... Unser junger Dirigent Dr. Willi Barth hat etwas von diesem frohen und gesunden Geiste, der keine Schwierigkeiten kennt, und er hat genug davon auf sein Philharmonisches Orchester und seinen kürzlich erst aufgestellten Philharmonischen Chor übertragen! Er brachte uns das Weihnachtsoratorium als nachträgliches Festgeschenk, es war, wie jedes Geschenk, mit einer Überraschung verbunden: daß diese Erstaufführung nach so kurzer Probenzeit so gut gelingen würde, hatte wohl niemand angenommen."

---

182) AB, Südost-Kurier, 4. September 1948
183) Ebenda
184) Siehe die Ausführungen auf Seite 90 ff

Der Rezensent nannte auch Details der Klangbildmischungen und lüftete Geheimnisse der Improvisation, da ja bestimmte Originalinstrumente nicht zur Verfügung standen:

„... Was tat Barth? Er bildete das Oboen-Quartett (wie es beim Baß-Rezitativ „So geht denn hin" und dem mächtigen Chor „Ehre sei Gott in der Höhe" gebraucht wird) aus zwei Klarinetten, Englischhorn und einer Oboe – und es klang! Er bohrte Reißnägel in die Filze des modernen Klaviers – und erzielte eine täuschende Nachahmung des alten Cembaloklanges! ..."[185]

Und unser Chor? Er habe im Ganzen wie in Teilen *„wahrhaft hingebungsvoll"* gesungen und *„nach Phrasierung, Aussprache, Einsatz- und Intonationssicherheit Hervorragendes geleistet ...,"*[186]

Der Philharmonische Chor hatte also seinen ersten Auftritt in der Öffentlichkeit glänzend bestanden. Man war glücklich und wollte weiter zusammenbleiben, weiterarbeiten. Nun konnte nach neuen Ufern Ausschau gehalten werden. Der Philharmonische Chor konstituierte sich damals sogar als eigener Verein mit selbständiger Vorstandschaft.

Schon am 18. März 1949 konnte man mit Händels *„Der Messias"* erneut an die Öffentlichkeit treten und wieder blieb ein guter Eindruck zurück:

„... Über alles Lob erhaben war die Einsatzsicherheit des gründlichst durchgeschulten Chores bei der Darlegung des schwierigen polyphonen Aufbaues. Bei aller Deutlichkeit des kunstvollen Gewebes führte Barth seine Sänger zu machtvollen Steigerungen, besonders im triumphalen Jubelgesang des Halleluja und im großen dreiteiligen Schlußchor..." und an anderer Stelle *„... bleibt die hingebungsvolle künstlerische Arbeit, zumal des Chores, die uns die Teilnahme an solch einzigartigem Werke in Reichenhall ermöglicht hat, mit tiefster Dankbarkeit anzuerkennen. Sie äußerte sich auch in der Ergriffenheit und Begeisterung des Publikums nach der mehr als dreistündigen Aufführung. Auch aus nah und fern war man herbeigekommen, um – infolge des verspäteten Beginns – wenigstens einen Teil des seltenen Musikereignisses miterleben zu können ..."*[187]

Die Aufführung wurde knapp drei Monate später, als Freilichtveranstaltung am Berchtesgadener Schloßplatz wiederholt und gestaltete sich ebenfalls zum einmaligen Ereignis. Auch in diesem Fall weist der Rezensent Alfred Baresel auf das Können des Chores hin:

„... Die außerordentliche Leistungsfähigkeit des Philharmonischen Chores zeigt sich in der Selbständigkeit und Sicherheit der Einzelstimmen im stufenweisen Aufbau der fugierten Teile, Fugen und Doppelfugen ..." und

„... Der hochwertige Gesamteindruck der Aufführung unter Willi Barth veranlaß-

---

185) Ebenda
186) Ebenda
187) AB, „Der Messias" von Händel, Südost-Kurier, 21. März 1949

Das Philharmonische Orchester und der Philharmonische Chor am Pfingstsamstag 4. Juni 1949 bei der denkwürdigen Freilichtaufführung von Händels „Messias" am Schloßplatz von Berchtesgaden.

(Foto Baumann-Schicht)

87

te das Publikum zu begeisterten Bravorufen nach dem (gekürzten) dritten Teil, wenn auch der plötzlich niederprasselnde Regen daran hinderte, allen Beteiligten, besonders dem selbstlos begeistert wirkenden Chor, den gebührenden Dank durch Beifall auszusprechen ..." [188)]

Gut drei Wochen später, am 29. Juni 1949 konnte, anläßlich des 50. Priesterjubiläums des Geistlichen Rates Eugen Aberle, im Münster St. Zeno das *„Te Deum"* von Anton Bruckner aufgeführt werden. Die *„Reichenhaller Philharmonie, Orchester und Chor"*, wie die Einheit der Künstler in der Zeitung respektvoll genannt wurde, trat bei dieser Veranstaltung gewissermaßen *„in den Dienst einer breitesten Öffentlichkeit"* und zum ersten Male *„wagte"* sich Dr. Wilhelm Barth in die *„Klangwelt Bruckners".* [189)] Der Rezensent sah bei dieser Aufführung zwar die Grenzen des Orchesters als erreicht an, beurteilte jedoch die Aufführung, die vor *„Tausenden andächtiger Hörer von nah und fern"* im *„überfüllten Münster"* stattfand, insgesamt als gut und gelungen:

„... Der vortreffliche Philharmonische Chor Dr. Willi ward in diesem Sinne allen Anforderungen gerecht, ebenso das Orchester, soweit ... es möglich war ..." [190)]

Am 15. Juli 1949 wurde die *„IX. Symphonie"* von Ludwig van Beethoven aufgeführt, jenes monumentale Werk, in dem der Chor erst im Finale mit Schillers Ode *„An die Freude"* brillieren darf. Leider hat sich eine Besprechung dieser Erstaufführung im Archiv nicht gefunden.

Der Chor trat schließlich im Jahre 1949 noch zweimal auf, mit der *„Altrhapsodie"* von Johannes Brahms und der *„Christnacht"* von Joseph Haas (dem Kompositionslehrer Barths) und konnte damit im ersten Jahr seines Bestehens insgesamt sieben Veranstaltungen absolvieren.

Im Jahre 1950 trat der Chor sogar mit acht Veranstaltungen vor das Publikum. Neben dem Brucknerschen *„Te Deum"* und Beethovens *„IX. Symphonie"* (2 x) als Wiederholungen waren alle anderen Chorwerke Neueinstudierungen: Die *„Faust-Symphonie"* von Liszt, die *„Johannes Passion"* von Bach, ein *„Opern-Abend"*, ein *„Bach-Kantaten-Abend"* und schließlich das *„Requiem"* von Mozart. In der Presse wurden alle diese Aufführungen von Alfred Baresel einer wohlmeinenden, dennoch fachmännischen Kritik unterzogen. Von der Vielzahl der erhaltenen Rezensionen mögen hier nur noch zwei in Auszügen wiedergegeben werden:

1) Für Beethovens *„Neunte Symphonie"* (14. April 1950):

„... Und dann vollends, wie der begeisterte Chor die Sprache des Orchesters sicher und klangschön überhöht, wie die glanzvollen hohen Soprane den »Cherub«

---

188) AB, Händels Messias vor 2000 Zuhörern, Südost-Kurier, 8. Juni 1949. Der Autor dieser Zeilen durfte als 16jähriger Berchtesgadener Gymnasiast dieser denkwürdigen Aufführung beiwohnen und erinnert sich, mit welcher Ergriffenheit das Publikum der Musik folgte. Besonders dramatisch war der Schluß, als bei der Kreuzigungsszene sich am Himmel ein Gewitter zusammenbraute, das sich kaum daß der letzte Ton verklungen war, mit großer Vehemenz entlud.
189) AB, „Te Deum" von Anton Bruckner, Südost-Kurier, 2. Juli 1949
190) Ebenda, Der Rezensent wollte damit andeuten, daß ein Orchester mit 40 Musikern, seiner Meinung nach, Bruckners Klangvorstellungen nicht erreichen könne.

vor Gott treten lassen, wie die wenigen, aber durchweg gehaltvollen Männer-
stimmen ihren »Kuß der ganzen Welt« entbieten ... [191]

2) Für Mozarts „Requiem" (22. November 1950):

„*... Andererseits aber stellt gerade dieses Werk in seinem häufigen Wechsel von*
homophoner und polyphoner Gestaltung die höchsten Anforderungen an die Ein-
stellungsfähigkeit der Mitwirkenden. Sie wurden beispielgebend erfüllt.

... so war der Chorklang im »Dies irae« und »Sanctus« von solcher Geschlossen-
heit und orgelartiger Fülle, daß er tiefe Ergriffenheit bei den Hörern auslöste. Die
stimmlich bewegten Partien aber, die in diesem Werk in oft gesanglichen Läufen
von fast instrumentaler Art zu krönenden Höhepunkten der Fugenkomposition
führen, zeigten absolute musikalische Sicherheit in den Stimmgattungen ... [192]

Anhand der vorliegenden Unterlagen wurden in den folgenden Jahren, vom Philharmonischen Chor zusammen mit dem Philharmonischen Orchester noch die folgenden Veranstaltungen aufgeführt:

1951: Die „*Matthäus Passion*", ein „*Verdi-Wagner-Abend*", ein „*Opern-Abend*", „*Ein*
Deutsches Requiem" (Brahms)

1952: „*Der 100. Psalm*" (Reger), „*Volkslieder*"

1953: Ein „*Faschingskonzert*", ein „*Kompositions-Abend*" (Corbinian Rother), ein
„*Opern-Abend*", „*Zum Tag des Deutschen Liedes*", „*Musik zur guten Nacht*",
„*Die heilige Elisabeth*"

1954: Ein „*Opern-Abend*", ein „*Festkonzert zum 1. Mai*", die „*Gounod-Messe*", das
„*Te Deum*", die „*Missa Solemnis*" (2 x)

1955: Das „*Verdi-Requiem*", die „*IX. Symphonie*" (2 x)

1956: Die „*c-Moll-Messe*" (Mozart), „*Der Maitanz*" (Schmalz) Uraufführung, „*Weih-*
nachtssingen" (O. Jochum)

1957: „*Die Schöpfung*" (Haydn) (2 x)

1958: „*Die Rheinberger-Messe*" (für den Bayerischen Rundfunk)

1959: „*Die sieben Worte des Erlösers*" (Haydn)

1960: „*Auszüge aus der Matthäus Passion*" (Bach)

Damit verstummt die Überlieferung. In den Jahren, da Dr. Wilhelm Barth die
Leitung des Orchester niedergelegt hatte (1957 - 1962) verebbte langsam auch der
Gestaltungswille des Philharmonisches Chores. Die Chorgemeinschaft hatte nach
10jährigem Bestehen offenbar den Schwung ihrer frühen Jahre verloren, dazu kam,
daß Barth, der „Spiritus rector" des Chores, seit 1958 fehlte. Alte Mitglieder schie-
den aus, neue waren nur schwer zu bekommen, da auch andere Ablenkungen lock-

---

191) AB, Beethovens Neunte Symphonie, Südost-Kurier, 18. April 1950
192) AB, Requiem von Mozart, Südost-Kurier, 25. November 1950

ten. Um in dem von Barth gezeichneten Bild zu bleiben, besaßen die Familien nun allenthalben Fernsehgeräte und Automobile und auch die Grenze ins nachbarliche Salzburg war längst wieder erreichbar.

Nach der Rückkehr Dr. Barths in die Leitung des Philharmonischen Orchesters im Herbst 1962 bestand der Philharmonische Chor de facto nicht mehr. Chorwerke wurden nun mit einer neu ins Leben gerufenen *„Singgemeinschaft"*, die u. a. auch aus „Resten" des vormaligen Philharmonischen Chores gebildet wurde, aufgeführt. Bei besonderen Anlässen verstärkte man sich mit Chören der Nachbarschaft *(Sängerchor Traunreut, Chorgemeinschaft Burghausen, Grenzlandchor Freilassing, Liedertafel Freilassing)*, ganz besonders oft mit der *„Salzburger Liedertafel"*. Im Verbund mit den Salzburger Sängern kam es z. B. im Jahre 1965 zu der großartigen Aufführung des *„Verdi-Requiems"* im Münster St. Zeno, bei der über 200 Mitwirkende beteiligt waren und die in die Reichenhaller Musikgeschichte eingegangen ist. Im selben Jahr und im gleichen Chorverbund wurde auch noch Beethovens *„IX. Symphonie"* aufgeführt. In späteren Jahren ist schließlich die Singgemeinschaft in der *Bad Reichenhaller Liedertafel* aufgegangen.

Das Philharmonische Orchester und sein mühevoller Weg zum Ganzjahres-Klangkörper

Als Ende Oktober 1948 das *„Programm für die Winter-Saison 1948 - 1949"* herauskam, mögen manche überrascht gewesen sein. Auf der Stirnleiste der Titelseite stand die neue Orchesterbezeichnung: *„Staatlich-Städtisches Philharmonisches Orchester Bad Reichenhall"*!

Auch diese Umbenennung entsprang einer Intention Barths, einfach der Überlegung folgend, daß der Name „Philharmonisches Orchester" für einen Klangkörper, der symphonische Musik produziert, kompetenter klingt. Es ist also eine schöne Mär, die allerdings wiederholt kolportiert wird, der Bad Reichenhaller Stadtrat hätte dem Orchester aufgrund seiner Verdienste diese Bezeichnung als Ehrentitel verliehen. [193]

Dr. Barth gab in einem Geleitwort zu dem genannten Winter-Programm eine Situationsanalyse:

„... Bei den Vorbereitungen für die Wintersaison 1948/49 war es klar, daß das Staatliche Kurorchester nur dann seine Mission zu erfüllen in der Lage sein würde, wenn das künstlerische Niveau nicht nur gehalten, sondern womöglich noch gehoben wird, wozu die Wahrung der Stärke von 40 Orchestermitgliedern eine unerläßliche Vor-

---

193) Dazu Dr. Wilhelm Barth im Gespräch: „Die Bezeichnung ›Philharmonisches Orchester‹ ist nicht geschützt und jedes Orchester, das eine entsprechende Befähigung zu haben glaubt, kann sie übernehmen, vorausgesetzt, sie ist in der betreffenden Stadt nicht schon einem anderen Orchester zugeordnet. In der Zeitspanne 1947/48 haben wir mit einer Vielzahl symphonischer Konzertveranstaltungen gezeigt, daß wir etwas können und so war es legitim mit einem noch attraktiveren Aushängeschild vor das Publikum zu treten. Auf den Zusatz›Staatlich-Städtisch‹, der vom Kulturausschuß des Stadtrates ausdrücklich genehmigt wurde, habe ich allerdings damals großen Wert gelegt; - nur so konnten die beiden ›öffentlichen Hände‹ sich eingebunden aber auch verantwortlich fühlen!"

aussetzung sein mußte. Je größer ein Klangkörper, desto höher naturgemäß die Mittel zu dessen Aufrechterhaltung. Es wurde nichts unversucht gelassen, um diese Mittel selbst zu erarbeiten ... Auf Grund der bisherigen Erfahrungen haben wir uns in der Annahme nicht getäuscht gesehen, daß unsere Veranstaltungen auch in diesem Winter einen guten Resonanzboden finden würden. Wir hoffen, das uns entgegengebrachte Vertrauen nicht zu enttäuschen und uns damit unseres neuen Namens als „PHILHARMONISCHES ORCHESTER BAD REICHENHALL" weit über die Ortsgrenzen hinaus als würdig zu erweisen. [194)]

Das vorgelegte Programm zur Wintersaison 1948/49 war inhaltsreich. Die Konzertsaison (5. November 48 - 8. April 49) war mit insgesamt zwölf *Abonnement-Konzerten* (Vorjahr: acht) anberaumt, wobei es sich durchwegs um symphonische Konzerte, darunter auch drei *Chorwerke*, die mit dem inzwischen gegründeten „*Philharmonischen Chor*" (darüber wurde in dem vorangegangenen Abschnitt berichtet) aufgeführt werden sollten. Die leichte Muse kam auch nicht zu kurz, sie sollte zusätzlich jeden Sonntag als „*Populäre Sonntagskonzerte*" zu Gehör kommen. Schließlich war vorgesehen, das gesamte Repertoire des Orchesters auch wieder im Umland zu spielen; dabei war die Zahl der auswärtigen Spielorte auf dreizehn (Vorjahr: elf) gestiegen. Weiterhin sollten sowohl mit „*Radio München*" (Vorläufer des Bayerischen Rundfunks) als auch mit dem Sender „*Rot-Weiß-Rot Salzburg*" (Vorläufer des Österreichischen Rundfunks) Vereinbarungen getroffen werden, Konzerte des Philharmonischen Orchesters Bad Reichenhall regelmäßig zu übertragen.

In der Bad Reichenhaller Öffentlichkeit wurde dieses erste Programm des „Philharmonischen Orchesters" einer eingehenden Besprechung und Würdigung unterzogen:

„*... Wo ein Wille ist, ist auch ein Weg. Und hier ist ein sehr starker Wille!*" hieß es hier. „*Der junge, tatkräftige künstlerische Leiter des Orchesters, Dr. Willi Barth, hat alles getan, um seine neue „Philharmonie" zu einem Kulturzentrum für ganz Südost-Bayern auszuweiten ... das ehemalige Kurorchester wurde in »Philharmonisches Orchester« umbenannt. Das bedeutet nicht nur eine Namensänderung. Denn gleichzeitig gelang es Dr. Barth, auch einen „Philharmonischen Chor" von 80 Teilnehmern ins Leben zu rufen, so daß die Aufführung monumentaler Werke ... ermöglicht ist. Namhafte Solisten (wie Lorenz Fehenberger, Magda Rusy u. a.) haben im Vertrauen auf die bisherigen Leistungen des Orchesters ihre Mitwirkung zugesagt. Es gelang ein Programm aufzustellen, das jedem philharmonischen Großstadtprogramm die Waage hält ...*" [195)]

---

194) AB, „Programm für die Winter-Saison 1948/49"
195) AB, Die neue Reichenhaller Philharmonie (Alfred Baresel), Südost-Kurier, 8. November 1948

Unter den hinzugekommenen Orten in denen Gastspiele vorgesehen waren, befand sich auch München. Hier wollte Barth das Können des Orchesters mit „*Werken von W. A. Mozart*" (Solistin: Magda Rusy, Klavier), insbesondere vor einem Großstadtpublikum erproben, was ihm letztlich am 20. November 1948 auch glänzend gelungen ist. Zum Vorhaben der Wintersaison 1948/49 gehörte zudem, wenn auch nicht als Bestandteil des ausgedruckten Programms, daß das Orchester beabsichtigte, die mit der „*Lustigen Witwe*" begonnene Zusammenarbeit mit dem Landestheater Salzburg fortzusetzen, und so war eine Reihe weiterer Opern und Operetten zu erwarten: „*Die verkaufte Braut*", „*Die Zirkusprinzessin*", „*Boccaccio*", „*Madame Butterfly*" u. a.

Trotz dem großen und dicht gedrängten Winterprogramm begann das Philharmonische Orchester ab Januar 1949 noch eine weitere Saite aufzuziehen. Nicht zuletzt in Dankbarkeit gegenüber dem Badkommissär Franz Weingärtner, der sein Möglichstes getan hatte, das Orchester in seinem Gesamtvolumen zu erhalten und nicht an den aktuellen, durch die Währungsreform entstandenen Finanzproblemen scheitern zu lassen, begann man nun viermal pro Woche, jeweils nachmittags, gegen eine minimale pauschale Abfindung, „*Kurkonzerte*" zu geben. Es handelte sich hier um eine freiwillige und unbezahlte Eigenleistung des Orchesters, etwas für die noch unentwickelte Winterkurzeit zu tun. [196] Diese dem Badkommissariat sozusagen gratis gebotenen Konzertleistungen hatten Erfolg, denn es zeigte sich sehr schnell, daß sie auch während der Wintermonate Kurgäste nach Bad Reichenhall lockten, die von diesem neuen Angebot dankbar Gebrauch machten. Ein wesentlicher Gesichtspunt für die winterliche Gratistätigkeit des Orchesters aber war die Anziehungskraft auf Versicherungsträger, die sich hier etablieren sollten, weil sie ihren Patienten auch im Winter etwas zu bieten hatten. Die Rechnung ging auf!

So dauerten diese vom Orchester gespendeten Kurkonzerte an bis zum Jahre 1960. Erst dann, als das Orchester endlich die lang ersehnten Ganzjahresverträge bekam, wurden die winterlichen Kurkonzerte obligatorisch. Natürlich ist es unmöglich, auf die Vielzahl der Spielpläne und Aufführungen einzugehen, geschweige diese auch nur halbwegs zu würdigen. Das kann auch nicht die Aufgabe einer solchen gestrafften Geschichtsbetrachtung sein, doch sollen einige „Farbtupfer" aus jenen frühen Jahren des Philharmonische Orchesters nicht unerwähnt bleiben:

Als zum Beispiel am 8. September 1949 die Nachricht vom Tode Richard Strauß' eintraf, dürfte unser Philharmonisches Orchester wohl weltweit das erste gewesen sein, das mit einer Gedenk- und Trauerfeier reagierte. Den Anstoß gab Dr. F. B. Stubenvoll (Bad Reichenhaller Arzt, auch als Komponist und Musikrezensent in Erscheinung getreten), der mit Richard Strauß persönlich bekannt war und

---

196) Das Arbeitsamt wollte damals wegen dieser „geregelten Arbeitszeiten" seine Unterstützungszahlungen für die Musiker einstellen und so bedurfte es einer amtlichen Bestätigung durch das Badkommissariat, daß es sich bei diesen Kurkonzerten um kostenlos gebotene Leistungen des Orchesters handle, damit schließlich eine ausdrückliche „Erlaubnis zur unentgeldlichen Arbeit" erteilt werden konnte.

der auch Worte des Gedenkens sprechen wollte. Kurz entschlossen wurde darauf von Dr. B a r t h und seinem Orchester ein abendliches Kurkonzert entsprechend umgestaltet. In der Zeitung war darauf folgendes zu lesen:

„... Bereits eine Stunde nach dem Einlaufen der Nachricht vom Tode Richard Strauß', des repräsentativen Komponisten unserer Zeit, leitete das Staatliche Badkommissariat die Veranstaltung einer des großen Toten würdigen Ehrung ein. Es wurde hierzu das für diesen Anlaß einzig in Betracht kommende Werk, die symphonische Dichtung ›Tod und Verklärung‹ zur Aufführung bestimmt ... Das Orchester, von der Bedeutung dieser Stunde sichtlich ergriffen, spielte mit Klangschönheit und Hingabe. Da um Unterlassung von Beifallsbezeugungen gebeten war, war das ehrfurchtsvolle Schweigen des Publikums der einzige Dank, der dem Orchester und seinem mit ganzer Seele dirigierenden Leiter, Dr. B a r t h, gezollt werden konnte!“ [197]

Eine andere schöne Begebenheit: Die Erstaufführung des Klavierkonzerts von K a t s c h a t u r j a n , das in Bad Reichenhall ein großer Erfolg war und bei dem sowohl der junge griechische Pianist Georg H a d j i n i k o s wie auch das Orchester vom Publikum stürmisch gefeiert wurden, hatte eine merkwürdige Vorgeschichte. Die Orchesterstimmen waren nicht greifbar und die Partitur des Werks war erst zwei Tage vor dem anberaumten Konzerttermin eingetroffen – allerdings ohne alle Orchesterstimmen. Darauf setzte sich der Archivar des Orchesters, Joseph P a y e r , hin und schrieb die einzelnen Stimmen aus der Partitur heraus, 52 Stunden lang, zwei Tage und zwei Nächte mit nur zwei Stunden Schlaf. Als er völlig erschöpft war, wurde er von B a r t h abgelöst, der die Arbeit zu Ende führte. Am Aufführungstag, abends um 19 Uhr, als die ersten Konzertbesucher sich bereits im Saal versammelten, konnten nur die Bläser im Keller des Kurhauses ihre schwierigsten Partien von den frischen Notenblättern wenigstens einmal abspielen. Eine zusammenhängende Probe aller Beteiligten war nicht möglich. *„... Auch H a d j i n i k o s hatte keine Noten mit“*, so in der Rezension, *„sondern die ungewohnten Klavierpassagen völlig im Kopf, er schüttelte seine schwierige Partie gleichsam aus dem Ärmel ...“* [198]

Vielleicht darf in diesem Zusammenhang auch erwähnt werden, heute weitgehend vergessen, daß Dr. Wilhelm B a r t h selbst nicht nur als Dirigent und Liedbegleiter wirkte, sondern gleichzeitig auch noch als Sänger (lyrischer Bariton). Sein Repertoire umfaßte Lieder von Beethoven, Schubert, Schumann bis hin zu Hugo Wolf und Richard Strauß. B a r t h sang aber auch eigene Kompositionen und pflegte das Liedgut heimischer Komponisten, etwa von Emil K r ä m e r und F.B. S t u b e n v o l l . Dazu in der Bad Reichenhaller Presse:

---

197) AB, Trauerfeier für Richard Strauß (Dr. F. B. Stubenvoll), Südost-Kurier, 13. September 1949
198) AB, 52 Stunden Notenschreiben (Alfred Baresel), Südost-Kurier, 20. Dezember 1949

*„Wer Dr. Willi B a r t h nur als Dirigent kennt, kennt ihn musikalisch nur zur Hälf-
te. Die intime Seite seiner musikalischen Gestaltungsfähigkeit kommt erst recht eigentlich an seinem Liederabend zum Ausdruck. Mit einer Baritonstimme von ei-
genartig wohligem Klangreiz begabt, verzichtet er, sich selbst am Klavier begleitend,
auf die schmetternden Brusttöne der Sänger-Virtuosen, die in sitzender Stellung
schwer möglich sind. Er erreicht dafür Möglichkeiten einer persönlichen Darstel-
lungskunst, die bei der üblichen Zweiteilung von Sänger und Begleiter selten sind
… Es sind eigentlich alles Pastellzeichnunen von feinster persönlicher Tönung, die
dieser eminent musikalische Sänger gibt …"*[199]

Am Ende der Kursaison 1949 traten der Oberbürgermeister Walter N e u m a y e r
und der Badkommissär Franz W e i n g ä r t n e r mit einem erneuten Aufruf an die
Öffentlichkeit:

„Bürger von Bad Reichenhall", so hieß es hier, *„… Wenn Reichenhall ein Weltbad
sein oder wieder werden will, so muß ein repräsentatives Orchester auch im Winter vorhanden sein …"*[200] Einerseits müsse der Ausfall Salzburgs als Kulturmittel-
punkt ausgeglichen, andererseits den Kurgästen *„Erbauung, Entspannung, Erho-
lung und Ablenkung"* geboten werden. Das Orchester habe in den letzten Jahren
bereits die Aufmerksamkeit einer breiten Öffentlichkeit auf sich gezogen und so
seien Besprechungen und Bildberichte nicht nur in zahlreichen Blättern des re-
gionalen Umfeldes sondern auch in den größten Münchener Tageszeitungen, in der
Zeitschrift *„Quick",* ja sogar in einer *„Pariser Zeitung"* erschienen. Rundfunkauf-
nahmen mit dem österreichischen Sender *„Rot-Weiß-Rot"* und dem amerikanischen
Sender *„AFN",* mit *„Richtstrahler nach Übersee",* hätten den Namen des Orchesters
und der Stadt Bad Reichenhall hinaus in alle Welt getragen.

*„… Es wäre grober Undank, wenn die Bevölkerung von Bad Reichenhall uninter-
essiert und achtlos an diesen Tatsachen vorüberginge, dem Orchester gegenüber,
das wieder wie im vergangenen Jahre gezwungen würde, Arbeitslosenunterstützung
zu beziehen, dabei aber seinen bereits übernommenen künstlerischen Verpflichtungen gleichwohl nachkommen müßte, dem Philharmonischen Chor gegenüber, dessen Mitglieder nicht nur unentgeltlich singen, sondern sogar noch ihre Noten aus
der eigenen Tasche bezahlen und den Solisten gegenüber, die ebenfalls zum größten
Teil, wie z. B. Frau Prof. Elly N e y auf ein Honorar zugunsten des Orchesters verzichten, wiewohl sie dazu keinerlei Grund hätten …"*[201]

Zwar ließe sich Musikinteresse nicht befehlen, so fuhr der Text fort, doch der kaufmännischen Seite, daß der Fortbestand des Orchesters für das Gemeinwohl zwin-
gend notwendig wäre, könne sich kein Hotelier, kein Pensionsbesitzer oder sonsti-
ger Gewerbetreibender entziehen. Bei der Gestaltung der Abonnementspreise von

---

199) AB, Liederabend Dr. Willi Barth (Alfred Baresel), Südost-Kurier, 7. November 1950
200) AB, Bürger von Bad Reichenhall, Aufruf des Oberbürgermeisters und des Badkommissärs, Südost-Kurier,
15. November 1949 dazu eine „Stellungnahme maßgebender Vereinigungen und Korporationen", Südost-Kurier, 19. November 1949
201) Ebenda

DM 36,–, 24,– und 12,–, die noch dazu in drei Raten bezahlt werden könnten, habe der Abonnent die Möglichkeit, schon für DM 1,– etwa die *„Johannes-Passion"* oder die *„IX. Symphonie"* zu hören. Der Aufruf, dem sich dreizehn Organisationen anschlossen[202], endete mit dem Appell:

„Bürger von Bad Reichenhall, zeigt Euch des kulturellen und werbenden Wertes Eueres Orchesters bewußt, macht die Abonnement-Konzerte der Wintersaison 1949/50 zum Mittelpunkt des kulturellen und gesellschaftlichen Lebens in Bad Reichenhall."[203]

In jener Zeit konnte das Orchester immerhin rund 400 ständige Abonnenten gewinnen. Außerdem gab es vom Bayerischen Staatsministerium für Unterricht und Kultus erstmals einen Zuschuß zur Überbrückung des Winterhalbjahres (DM 20.000,–) und auch von der Stadt Bad Reichenhall konnte ein erster Zuschuß von DM 10.000,– verbucht werden. Der Bayerische Rundfunk zahlte im Jahre 1950 ebenfalls erstmals DM 10.000,– in die Orchesterkasse und begann damals auch regelmäßig Kurkonzerte zu übertragen.

Auch in den Folgejahren mußte um derartige Zuschüsse ständig hart gerungen werden, und die Wintermonate waren für das Orchester noch für lange, Zeiten höchster Entbehrung und Einschränkung. Immer wieder war es Barth, der in ungezählten, selbstgeschriebenen Eingaben als Bittsteller für sein Orchester auftrat. Er hat mit Ministerien, der Staatskanzlei, dem Haushaltsausschuß des Bayerischen Landtages korrespondiert, ja den damaligen Herrn Ministerpräsidenten Dr. Erhard, den er in Bad Reichenhall persönlich kennengelernt hatte, angeschrieben und um Hilfe gebeten. Besonders der persönliche Brief an den Bayerischen Ministerpräsidenten leitete letztlich die Wende für das Orchester ein und darf somit auch als ganz persönlicher Erfolg des Orchesterleiters gesehen werden. Wie aus einem Schreiben der Bayerischen Staatskanzlei zu entnehmen ist, hatte der Freistaat Bayern das Philharmonische Orchester als förderungswürdige Institution anerkannt und versprach, Gelder bereitzustellen:

„... beehre ich mich mitzuteilen, daß für das Jahr 1952 in einem Sammelansatz Mittel für Zuschüsse an verschiedene Kulturorchester, darunter auch das in Bad Reichenhall, vorgesehen sind ..."[204] Damit war ein wesentlicher Schritt erreicht. Das Philharmonische Orchester war endlich offiziell in den Kreis der *„Kulturorchester"* aufgenommen worden und hatte eine Kostenstelle im entsprechenden Etatplan bekommen.

Als sich wie gesagt ab 1950 der *Bayerische Rundfunk* für die Kurmusik aus Bad Reichenhall zu interessieren begann und bald regelmäßig Übertragungen zu hören waren, ging Barth daran, um die Sache noch attraktiver zu gestalten, eine Reihe

---

202) Der damalige Aufruf wurde von den folgenden Organisationen mitgetragen: Kur- und Verkehrsverein e.V. (Weiß), Kurärztliche Vereinigung (Böhm), Bad Reichenhaller Gesellschaft Juhesia e.V. (Dürk), Landesverband des Bayerischen Hotel- und Gaststättengewerbes (Waltl), Skiclub Bad Reichenhall (Mayr), Landesverband des Bayerischen Einzelhandels (Sperger), Bäcker-Innung Bad Reichenhall (Kotter), Goethe-Gesellschaft (Freyberger), Rupertigilde (Korvin), Bayerischer Gewerkschaftsbund (Schmidt), Turn- und Sportverein Bad Reichenhall (Stark), Kreishandwerkerschaft (Heim), Metzger-Innung Bad Reichenhall (Holleis)
203) AB, Bürger von Bad Reichenhall, a. a. O.
204) AB, 1952, Bayerische Staatskanzlei (MR Frhr. v. Gumppenberg) Schreiben an Herrn Dr. Barth, 28. Februar 1952

mit „*Gastdirigaten prominenter Orchesterleiter*" zu eröffnen. Der erste auswärtige Dirigent, den man in dieser Weise aus Bad Reichenhall hören konnte, war Generalmusikdirektor Karl Elmendorf (international bekannt als Bayreuther Wagnerinterpret). Es folgten GMD Heinz Dressel (Münster), GMD Siegfried Goslich (Remscheid), GMD Hans Müller-Kray (Symphonieorchester des Süddeutschen Rundfunks), Prof. Carl Ehrenberg (Staatsoper Berlin), Prof. Ludwig Berberich (Domkapellmeister München), GMD Carl-August Vogt (Baden-Baden), Prof. Hans Meßner (Domkapellmeister Salzburg), Prof. Bernhard Baumgartner (Präsident des Mozarteum Salzburg) u.v.a.m.

Mit der Einführung der „*Wunschkonzerte*" im Jahre 1954, nachdem die Abendkonzerte schon bisher oftmals unter programmatischen Titeln standen (wie „*Nordischer Abend*", „*Slawischer Abend*", „*Opernabend*", „*Wiener Melodien*" usw.), hat sich das Orchester ganz besonders die Gunst des Publikums erworben.

Mit all diesen verschiedenen Facetten im jährlichen Musikprogramm hatte das Orchester allmählich seinen Rhythmus gefunden, der im großen und ganzen für die 50er Jahre bestimmend war. Im Jahre 1955 konnte das Philharmonische Orchester auf zehn harte aber ungemein fruchtbare Jahre im Dienste der Musik zurückblicken und mit einem großen Festkonzert (Beethovens *IX. Symphonie*) sein erstes Jubiläum begehen.

Die überraschende Nachricht vom plötzlichen Abschied des Dirigenten Dr. Wilhelm Barth, die am 4. Oktober 1957 dem Reichenhaller Tagblatt entnommen werden konnte, traf die hiesigen Musikfreunde demnach wie ein Blitz aus heiterem Himmel.

„*... da ihm auf Dauer die Voraussetzungen für eine befriedigende künstlerische Arbeit angesichts des bisher bestehenden Anstellungsverhältnisses nicht mehr gegeben erscheinen*" [205] wurde lapidar vermeldet. Von den wirklichen Hintergründen, die letztlich zu Barths Kündigung geführt hatten (und die im folgenden Abschnitt etwas erhellt werden sollen), war ja kaum etwas an die Öffentlichkeit gedrungen. Selbstverständlich gestaltete sich Barths Abschiedskonzert am 13. Oktober 1957 zu einem einzigen Triumph für den scheidenden Dirigenten. Lesen wir auch hier, was der Rezensent von der Veranstaltung zu berichten wußte:

„*... Wenn man weiß, wie überraschend, ja bestürzend die Nachricht wirkte, daß der Leiter unseres Staatlichen Kurorchesters nach zehnjährigem, äußerst erfolgreichem und aufopferndem Wirken uns verlassen will, dann war man nicht erstaunt, daß das Symphoniekonzert am Sonntagabend von einer den Staatlichen Kursaal bis auf den letzten Platz füllenden Zuhörerschaft besetzt war, daß die hohe Künstlerschaft*

---

205) AB, Dr. Barth verläßt Bad Reichenhall, Reichenhaller Tagblatt, 4. Oktober 1957

Dr. Wilhelm Barth (x) mit dem Philharmonischen Orchester Bad Reichenhall im Jahre 1955 (10jähriges Jubiläum)

und die geniale Interpretation klassischer Werke in die Herzen einer begeisterten Menge strahlte, daß die ganze Veranstaltung, an der mit zahlreichen Behördenvertretern auch der gesamte Stadtrat teilnahm, zu einer triumphalen Ovation für Dr. Barth wurde, der als äußeres Zeichen der – man darf wohl sagen – flammenden Liebe und Wertschätzung der Musikfreunde lodernde Begeisterung auslöste, eine ungeahnte Fülle von Blumen und Geschenken empfangen konnte, immer wieder neuen Hervorrufen Folge leisten mußte. [206]

Dr. Barths jahrelangen Bemühungen, die Existenz des Orchesters zu sichern, haben sich letztlich ausgezahlt. Im Jahre 1960 konnte das Philharmonische Orchester mit der Staatlichen Kurverwaltung [207] (Bayerisches Staatsministerium der Finanzen) einen ersten *Ganzjahresvertrag* abschließen. Zwar übernahm die Kurverwaltung im Winterhalbjahr nur die Kosten für zwölf Musiker, doch zusammen mit den Fördermitteln des Staatsministeriums für Unterricht und Kultus (Zuschuß Kulturorchester) war das Orchester-Budget soweit abgesichert, daß der ganzjährige Bestand des Klangkörprs nunmehr als gesichert gelten konnte.

Zerwürfnisse, Abstieg und Neubeginn

Die in der unmittelbaren Nachkriegszeit entstandene und vom Wohlwollen der amerikanischen Besatzungsmacht abhängige Orchestergemeinschaft entwickelte sich in den Jahren des Wiederaufbaus und der allmählichen Normalisierung zu einem Orchesterverein (im Sinne einer Gesellschaft des Bürgerlichen Rechts). Auch wenn dieser private Orchesterverein seine gewählten Führungsorgane hatte (Vorstand, Ausschuß), so saßen doch im Orchester alle Mitglieder vereint an ihren Instrumenten – d.h. alle Orchestermitglieder waren gleichsam Arbeitgeber und Arbeitnehmer in einer Person.

Als Dr. Wilhelm Barth im Jahre 1947 vom Orchester-Vorstand mit der Direktion und künstlerischen Leitung des Klangkörpers beauftragt wurde, gehörten zwar alle Bereiche der Musikproduktion vom ersten Programmentwurf bis zur schließlichen Leitung einer Konzertveranstaltung zu seinen Obliegenheiten, doch war er dabei formal den administrativen Weisungen der Vereinsorgane, insbesondere dem Vorstand untergeordnet. Seltsamerweise war Barth selbst nicht Mitglied der Gesellschaft. Während der sommerlichen Kurmusikzeit etwa, da alle Musiker mit persönlichen Verträgen an das Staatliche Badkommissariat (Kurverwaltung) gebunden waren, stand lediglich der Dirigent außerhalb dieser Vertragsverhältnisse; er war gewissermaßen nur Angestellter des Orchesters.

Die etwas willkürlich anmutende vertragliche Situation bereitete während der

---

206) AB, Abschiedskonzert im Kurhaussaal, Reichenhaller Tagblatt, 16. Oktober 1957
207) Nach dem Tode des letzten Badkommissärs Franz Weingärtner (1954) wurde das Staatliche Badkommissariat in Staatliche Kurverwaltung umbenannt und deren Leiter trugen fortan den Titel eines Staatlichen Kurdirektors.

schweren Anfangsjahre keine sonderlichen Schwierigkeiten. Das Orchester kämpfte verbissen um seine Existenz und nahm alle erdenklichen Mühen auf sich um zu überleben. Die Arbeitsmoral der verschworenen Gemeinschaft war damals auch geradezu mustergültig; großer Fleiß, kaum Streit, kaum Ausfälle durch Krankheit, alle Einnahmen aus den Abonnement-Konzerten oder Tourneen wurden redlich geteilt usw.

Diese alles in allem harmonischen Gegebenheiten scheinen sich ab Mitte der 50er Jahre (seit etwa 1954) verändert zu haben. In dem Maße, wie die finanziellen Zuwendungen, wenn auch noch längst nicht ausreichend, doch regelmäßiger flossen, so daß auch das Problem der winterlichen Arbeitslosigkeit allmählich in den Hintergrund rückte, drängten gewisse Gegensätze innerhalb des Orchesters in den Vordergrund und erschwerten in zunehmendem Maße vor allem die Arbeit des Dirigenten und künstlerischen Leiters.

Der häufigste Vorwurf des Orchesters gegen Barth war der, zu oft die *„laut Tarifvertrag"* festgelegten Spielzeiten (damals 25 Wochenstunden) zu überschreiten. Dem hielt der Dirigent entgegen, nicht er, sondern das Orchester selbst würde die Spielzeiten mit der Staatlichen Kurverwaltung aushandeln. Immer öfter kam es aber auch zu offen ausgesprochenen Beleidigungen, zu ungebührlichem Benehmen während des Konzertierens (z. B. Mißfallensäußerungen, die vom Publikum gehört werden konnten), zum Vorwurf *„nichts vom Programm machen"* zu verstehen oder sich um Dinge zu kümmern, die ihn (den Leiter) nichts angingen (z. B. sich um die richtige Bestuhlung, Beleuchtung, um einen Orchesterdiener zu kümmern, bzw. um das Notenarchiv, um ein Orchesterzimmer etc. besorgt zu sein). Sogar Barths Engagement, bei potentiellen Geld-/Zuschußgebern vorstellig zu werden wurde kritisiert! Auch wollte der Orchestervorstand die als völlig überflüssig erachteten Proben mit dem Argument abgeschafft wissen, daß man als Berufsmusiker schließlich *„fehlerfrei vom Blatt zu spielen"* verstünde u. a. m.

Der Dirigent mußte auf solche Vorwürfe hin immer wieder reagieren, hatte sich gegenüber dem Orchester zu rechtfertigen:

„... Wer über meine Tätigkeit als musikalischer Leiter im besonderen und über das Dirigieren im allgemeinen ein solches Urteil fällt, wie dies Herr S. zu tun beliebte, der hat sich in meinen Augen selbst gerichtet. Es bedürfte keiner besonderen Worte mehr. Trotzdem sei angeführt, daß es wohl überhaupt nirgends einen Kapellmeister gibt, der wie ich alle Konzerte allein dirigiert, Symphonie- und Kurkonzerte in dieser Menge, alle Programme macht und noch dazu einen ausgedehnten Schriftverkehr führt. Diese meine persönliche Arbeit und Leistung sowohl wie auch die Tätigkeit des Dirigenten überhaupt so bagatellisieren zu wollen, wie es geschehen ist, hal-

te ich für ebenso dreist wie geschmacklos und sehe darin eine bewußte Beleidigung meiner beruflichen Ehre. Aus den dargelegten Gründen weigere ich mich solange mit Herrn S. als Vertreter des Orchesters zu verhandeln, bis festgestellt ist, ob sich das Orchester seiner Auffassung anschließt, bzw. bis Herr S. das Unmögliche seines Benehmens eingesehen hat ..." [208]

Die harte Konfrontation konnte damals (1954) zwar entschärft werden, doch die laufende Verschlechterung des Klimas hielt über drei weitere Jahre hin an und führte schließlich am 2. September 1957 zur Kündigung Barths. Dabei faßte er in einem ausführlichen Schreiben alle Störfaktoren zusammen. Unter anderem widersprach er den Absichten des Orchestervorstandes, die Symphonischen Abendkonzerte abschaffen zu wollen:

"... Ein weiterer Angriff richtet sich gegen die „Symphonischen Abendkonzerte", die ich in mehrfacher Beziehung für unbedingt notwendig halte, wobei ich mir die Beweisführung ersparen möchte ... Wenn das Orchester den Ehrentitel „Philharmonisches Orchester" führt, dann verpflichtet dies auch ein gewisses Niveau in der Programmgestaltung einzuhalten. Niemals werde ich mich mit einer rückläufigen Entwicklung identifizieren..." [209]

Weiterhin wandte sich Dr. Barth gegen den Umstand, daß der Orchester-Ausschuß selbständig die Programmgestaltung für die Abonnementkonzerte der Wintersaison 1957/58 in die Hand genommen, den künstlerischen Leiter dabei nicht nur übergangen hatte, sondern vor vollendete Tatsachen stellen wollte:

"... Dabei ist zu bedenken, daß die traditionelle winterliche Konzertreihe von mir ins Leben gerufen wurde und daß es sich um ein zehnjähriges Jubiläum handelt ... berät man endgültig über die Programme in meiner Abwesenheit und diktiert dem musikalischen Leiter die beschlossenen Änderungen. Das sind Praktiken, die eine mehr als deutliche Sprache sprechen und aus denen evident wird, daß man mich systematisch zu einer Dirigiermaschine und zum Handlanger des Orchestervorstandes herabwürdigt..." [210]

Barth zog in jenem denkwürdigen Schreiben schließlich das Fazit seiner 10-jährigen Tätigkeit. Das Orchester habe die erste Etappe der angestrebten Ziele erreicht, in finanzieller Beziehung durch die Vollbeschäftigung, in künstlerischer Beziehung durch eine hohe Einstufung im Vergleich mit anderen Klangkörpern in Erfüllung seiner kulturellen Mission als Symphonie-Orchester. Seine eigenen (Barths) Ziele dagegen hätten sich verflüchtigt – durch die ständige Reduzierung der Winter-Symphonie-Konzerte (Abo-Konzerte) von ursprünglich zwölf auf nunmehr sechs, durch die Tendenz bei den Kurkonzerten immer mehr die *„leichte Unterhaltung"* vorzuziehen, durch das Faktum, kaum mehr Proben *„zur Hebung der Leistung"* durchsetzen zu können und schließlich durch die inzwischen ins Uferlose gestie-

---

208) AB, Dr. Willi Barth, An das Philharmonische Orchester Bad Reichenhall, Schreiben vom 4. Juni 1954
209) AB, Dr. Wilhelm Barth, An das Philharmonische Orchester Bad Reichenhall, Schreiben vom 2. September 1957
210) Ebenda

gene Menge zusätzlicher Verwaltungsaufgaben, die er vom privaten Schreibtisch aus zu erledigen hätte:

„*.. Dieses Managertum, die häufige Ausweglosigkeit bei dem Bewußtsein, Entscheidungen herbeiführen zu müssen, die entweder bei der Staatlichen Kurverwaltung, beim Orchester oder gar beim Publikum Anstoß erregen werden, das dauernde Sitzen zwischen drei Stühlen ohne eigentliche Entscheidungsgewalt, die Leitung von mehr Konzerten als je ein Kapellmeister dirigiert hat und dirigieren wird, die Aussichtslosigkeit, hier wirklich ›Musikdirektor‹ und nicht ›Musiksklave‹ zu sein und die unwürdige, ungerechte, jede Achtung vor meiner Arbeitsleistung vermissen lassende Behandlung durch den Orchestervorstand bestimmen mich, den zwischen dem Orchester und mir bestehenden Dienstvertrag zum 15. Oktober 1957 zu kündigen...*"[211]

Damit war der Schlußpunkt für eine anfangs so gedeihliche Entwicklung gesetzt; das Orchester hatte einen ihm lästigen Dirigenten abgeschüttelt und damit das erreicht was man sich damals offenbar längst gewünscht hatte. Nachfolger Dr. Barths wurden die Kapellmeister Rudolf Erb (1958-1960) und Günther Eichhorn (1960-1962).

Leider fanden sich in den Archivunterlagen kaum Hinweise auf die beiden Dirigenten. Von Rudolf Erb ist lediglich noch bekannt, daß er aus einer großen Anzahl von Probedirigenten mit Abstand als bester hervorgegangen ist. Erb war während des Krieges, im damaligen „*Generalgouvernement*" (Polen) Leiter der Staatskapelle Krakau und im Zusammenhang mit dieser Karriere wohl politisch belastet. Er war ein guter Dirigent und ein routinierter Symphoniker. Da er vom Orchester vermehrt Proben verlangte kam es zu Unstimmigkeiten, die 1960 zu seinem Weggang führten. Rudolf Erb war anschließend noch für einige Jahre Leiter des Kurorchesters in Bad Wiessee.

Von Günther Eichhorn ist belegt, daß er im Jahre 1926 geboren wurde und ein Musikstudium am Konservatorium in Erfurt sowie an der Musikhochschule in Weimar absolviert hat. Eichhorn arbeitete als Pianist und als Dirigent u. a. am *Opentheater in Dessau* sowie in Chemnitz und in Potsdam. Als er die Leitung des Philharmonischen Orchesters Bad Reichenhall übernahm war er 34 Jahre alt. Anfangs irritierte er das Publikum weil er *ohne* Taktstock dirigierte. Eichhorn schuf auch den Begriff „*Symphoniekonzert zur Förderung junger Künstler*"[212], der in modifizierter Form bis heute gültig ist. Günther Eichhorn konnte sich als Orchesterleiter letztlich ebenfalls nicht durchsetzen und zog es schließlich auch vor zu gehen. Aus persönlichen Gründen wandte er sich danach der musikalischen Bühne überhaupt den Rücken.

---

211) Ebenda
212) Christian Simonis, a.a.O., S. 108

Dr. Wilhelm Barth arbeitete in diesen Jahren als Redakteur bei der Kulturzeitschrift „Europa", die in Bad Reichenhall ihren Sitz hatte und übernahm Gastdirigate bei Rundfunkorchestern sowie einer Vielzahl in- und ausländischer Orchester (vielfach in Südtirol und Italien). Auch dem Philharmonischen Orchester Bad Reichenhall nebst dem Philharmonischen Chor stand Barth noch als Gastdirigent zur Verfügung, einmal zu Ostern 1959 in Bad Reichenhall bei der Aufführung von Haydns Oratorium „Die sieben Worte des Erlösers am Kreuz" sowie im Oktober 1961 bei einem „Opernkonzert" in Berchtesgaden. Solche Mitwirkungen Barths lösten stets eine erhebliche Resonanz in der Presse aus.

Konnten sich die Leistungen des Philharmonischen Orchesters Bad Reichenhall zuerst noch auf dem bekannt hohen Niveau halten – es stand ja auch ein großes und eingeübtes Repertoire zur Verfügung – so war doch etwa mit Beginn der 60er Jahre der beginnende Abstieg nicht zu übersehen. Das Orchester begann zu schludern, man beschritt Wege des geringsten Widerstandes, die Disziplin ließ zu wünschen übrig - es fehlte die Hand eines starken Orchester-Erziehers. Die neuen Dirigenten vermochten bei allen ehrlichen Bemühungen und gutem Willen nicht dagegenzuhalten, konnten den allmählichen Abstieg des Orchesters in die Mittelmäßigkeit nicht aufhalten.

Als die Staatliche Kurverwaltung sich entschlossen hatte, wenigstens einen Teil des Orchesters (nämlich 12 Musiker = $1/3$) auch im Winter zu beschäftigen (1960), wurde dem Orchesterverein allerdings zur Auflage gemacht, sich neu zu konstituieren. Der vormalige Privatverein wandelte sich nun zum „eingetragenen Verein" (e.V.) und wurde so gleichsam zur „juristischen Person", mit der Verträge und Vereinbarungen getroffen werden konnten. Auch wurde damals zur Auflage gemacht, daß der 1. Vorsitzende nicht unmittelbar dem Orchester angehören dürfe.

Die Gründe, warum die Staatliche Kurverwaltung bald darauf dem Philharmonischen Orchester das Recht entzog, die sommerlichen „Meisterkonzerte" zu gestalten, und dafür lieber die „Münchner Philharmoniker" und das „Salzburger Mozarteum-Orchester" engagierte, liegen auf der Hand. Es war die nachlassende Qualität und Attraktivität bei symphonischen Veranstaltungen. Das Orchester bekam ja auch keine Einladungen mehr zu auswärtigen Gastspielen! In Bad Reichenhall jedenfalls wurde dem Orchester damit gleichsam auch die Legitimation für die bestehende Größenordnung abgesprochen. Es war naheliegend, den teuren Klangkörper wie anderenorts abzubauen und auf eine bloße Kurkapelle zu reduzieren; überall in den deutschen Heilbädern verschwanden in jenen Jahren ohnehin die großen Orchester. Auch in Bad Reichenhall war man, obwohl diese Absichten in der Presse heftig attakiert wurden, bereits willens, das Orchester zu verkleinern und schon im Jahre 1963 sollte die Besetzung der Kurkapelle im Sommer nur noch 24 Musiker (im Winter zwölf) betragen.

In dieser verzweifelten Situation entschloß sich der damalige 1. Vorsitzende des Philharmonischen Orchesters, Rechtsanwalt Dr. Wilhelm Walter, an Dr. Barth heranzutreten und diesem die erneute Übernahme der Orchesterleitung anzutragen. Einerseits folgte der Vorsitzende dabei der Intuition, Barth könne vielleicht ein Wunder vollbringen, andererseits war er Realist genug, der gesamten Orchesterbelegschaft gleichsam die Kündigung auszusprechen. Dr. Barth nahm die Herausforderung der neuen Aufgaben an und schon die Nachricht, daß der bekannte Künstler erneut die Orchesterleitung übernehmen wolle, verursachte einen umfangreichen Kommentar in der Tageszeitung:

„... Es gab in den letzten fünf Jahren im Staatlichen Kurorchester so manchen Sturm und manche kritische Lage mußte gemeistert werden, bis die stürmischen Wogen sich wieder glätteten und der Weg frei wurde zu „Meeresstille und glückliche Fahrt". Das Schifflein unseres Kurorchesters hat so manche Klippe umsegeln müssen und die bange Frage ›wie wird es weitergehen?‹ ist jetzt mit dem Wiederkommen Dr. Barths beantwortet..." [213]

Das Antrittskonzert am 30. September 1962 in der Wandelhalle wurde so auch zu einem Ereignis, das der Berichterstatter in höchsten Tönen pries und als *„hochbedeutsamer musikalischer Abend"* titulierte:

„Das erste Konzert, das Dr. Wilhelm Barth ... dirigierte ... wurde zu einem solennen musikalischen Fest für ihn selbst, für das Orchester und für alle Musikfreunde: für ihn selbst, weil er von den Zuhörern begeistert begrüßt und gefeiert wurde, weil er sich seiner Musikalität bewußt als der versierte Dirigent bewähren konnte, weil er aus dem Orchester herausholte, was nur immer in ihm steckt; für das Orchester, weil es unter der ziselierten und zielsicheren Führung mit einem elementaren Elan spielte und alles hergab, was in ihm ruht; für das Publikum, weil es einen seltenen Genuß erleben konnte, der zu bewundernden Ausrufen führte..." [214]

Schneller als manche erwartet hatten, konnte Dr. Barth alle vorhandenen Mißstände abbauen. Hören wir, wie Dr. Barth selbst jene Umstände des Jahres 1962, viele Jahre später anläßlich einer Orchesterversammlung, in knappen Worten skizzierte:

„... Bei meinem Weggang 1957 waren alle Arbeitsplätze gesichert, von Entlassung keine Rede. Als ich nach fünf Jahren wieder kam, war das Orchester abgewirtschaftet, die Kurverwaltung reduzierte im Sommer auf 24 Mann, von den auswärtigen Veranstaltern wollte keiner mehr das Orchester verpflichten, die Zuschüsse

---

213) AB, Dr. Wilhelm Barth „redivivus" (Adalbert Matthaeus), Reichenhaller Tagblatt, 29. September 1962 (Anmerkenswert ist, daß damals in den Presseberichten kaum noch vom „Philharmonischen Orchester" sondern nur vom „Kurorchester" die Rede war!)
214) AB, Ein hochbedeutsamer musikalischer Abend – Dr. Barth vom Beifallssturm umrauscht (Adalbert Matthaeus), Reichenhaller Tagblatt, 3. Oktober 1962

versiegten, allen Orchestermitgliedern wurde zum 1. November 1962 gekündigt. Im Dezember hatte ich es wieder geschafft. Im Alleingang gelang es mir, das Bayerische Staatsministerium der Finanzen zu bewegen, im Sommer wieder 36 Musiker zu bezahlen, die Zuschüsse begannen wieder zu fließen, wir wurden wieder eingeladen, nach auswärts zu fahren...[215]

Daß er damals vom Orchester auch wieder Disziplin verlangte, hat er in seiner Ansprache den Musikern gegenüber nicht sonderlich herausgestellt – man wußte das!

Das „Kulturorchester"

Es wurde bereits dargestellt, daß Dr. Barth das Reichenhaller Orchester schon während der ersten Phase seines Wirkens (1947-1957) vor allem als Kulturorchester verstanden und geleitet hat. Der Dirigent war deshalb ständig bemüht, den personellen Bestand des Klangkörpers zu sichern und sein Ehrgeiz galt stets dem Ziel, mit den gegebenen Möglichkeiten ein hohes musikalisches Niveau zu erreichen. Den guten Namen, den sich das Philharmonische Orchester unter der konsequenten Führung Barths erworben hatte, verdankte es letztlich der Vielzahl guter symphonischer Produktionen, die es über Jahre hinweg in Bad Reichenhall sowie im Umland aufgeführt hat.

Nachdem Dr. Barth im Spätsommer 1962 die künstlerische Leitung des Orchesters erneut übernommen hatte, wußte er, daß nur in einer weiteren intensiven Kultur-Arbeit die Zukunft des Philharmonischen Orchesters Bad Reichenhall liegen könne, denn staatliche Fördermittel bekam der Klangkörper seit Mitte der fünf-ziger Jahre vermehrt auch in seiner Eigenschaft als „Kulturorchester".

Von der zweiten Phase der Orchesterarbeit des Dirigenten Dr. Barth (1962-1984) liegen Tätigkeitsberichte und Jahresberichte lückenlos vor, und so lassen sich alle wesentlichen Bewegungen und Entwicklungsschritte des Orchesters unschwer nachvollziehen.

Mit den winterlichen Abonnement-Konzerten, die im ersten Winterhalbjahr 1962/63 nach der Wiederverpflichtung Dr. Barths einen besonders guten Besuch aufwiesen, und den verschiedenen auswärtigen Konzertveranstaltungen verfolgte das Orchester den bewährten Weg und konnte auch bald wieder an die früheren Erfolge anknüpfen, wie die laufende Berichterstattung in der Presse zeigt. Auch die Staatliche Kurverwaltung ließ sich überzeugen, daß das Philharmonische Orchester mit Dr. Barth in der Lage war, die gewohnten sommerlichen Meisterkon-

---

215) AB, Ansprache Dr. Barths bei der Mitgliederversammlung des Philharmonischen Orchesters 1981

zerte wieder selbst zu gestalten. Damit war die alte Stellung des Klangkörpers als Kulturorchester wiederhergestellt.

Die *Symphonischen Abendkonzerte,* die es als Besonderheit innerhalb der Kurkonzerte schon früher gegeben hatte, wurden ab 1963 auch in den Dienst der *Nachwuchsförderung* gestellt. Dabei bot das Orchester jungen Solisten, darunter Preisträgern öffentlich geförderter Musikwettbewerbe, in zunehmendem Maße Gelegenheit, sich einer breiten Öffentlichkeit vorzustellen, Podiumserfahrungen zu sammeln und schließlich auch eine Würdigung in der Presse entgegennehmen zu können. Für viele junge Künstler bedeutete das Konzert in Bad Reichenhall den ersten öffentlichen Auftritt in ihrer Laufbahn. Das Philharmonische Orchester stellte sich somit in den Dienst der gesamten Musikwelt und leistete Kulturarbeit im weitesten Sinne. Das Publikum, meist Kurgäste, nahm solche Veranstaltungen stets mit großer Begeisterung an und überschüttete das Orchester und die jungen Solo-Interpreten oftmals mit großem Beifall und anderen Dankesbezeugungen. Die *„Symphonischen Abendkonzerte zur Förderung junger Künstler"* gehören auch heute noch zu den Musikaktivitäten des Orchesters, die sich großer Popularität erfreuen.

Nicht zuletzt aus der Überlegung heraus, daß der potentielle Konzertbesucher von morgen schon heute *„erzogen"* sein will, ging das Orchester seit Beginn der 60er Jahre daran, sogenannte *„Musikhörstunden"* für Schüler einzurichten. Dabei versuchte man, konkrete Vorstellungen darüber zu vermitteln, welche Instrumente in einem Symphonieorchester Verwendung finden, wie sie klingen und gespielt werden. So fuhren in den Wintermonaten wöchentlich mehrmals je eine Streicher-, Holzbläser- und Blechbläsergruppe in die Schulen der näheren und weiteren Umgebung, um einen entsprechenden Anschauungs- und Hörunterricht zu erteilen, was von den Schülern und Lehrkräften dankbar angenommen wurde.

Im Oktober des Jahres 1964 konnte das Bad Reichenhaller Orchester eine erste Südtirol-Tournee mit Konzertauftritten in Bozen, Meran, Brixen, Schlanders und Bruneck unternehmen. Auf dem Programm standen *„Wiener Melodien"* mit Werken von Johann und Josef Strauß, Zierer, Komzak, Czibulka und Suppé. Die Musiker, damals durchwegs in neue Fracks gekleidet, hinterließen bei allen Konzerten einen glänzenden Eindruck und haben so den Namen des Orchesters und der Kurstadt Bad Reichenhall musisch elegant über den Brenner getragen. Der Nachhall in der Presse war teilweise emphatisch:

„... Und was uns Dr. Barth und ›seine‹ Philharmoniker servierten, war denn auch vom Anfang bis zum Ende eine ungetrübte Freude. Der Klangkörper in ›klassischer‹ Besetzung mit über 40 Instrumenten ist wohlausgewogen und steht an Fülle und

Dichte des sehr schönen Streicherklanges, in der Tragfähigkeit der Holzbläser mit dem prächtigen Hörner-Quartett und dem strahlenden Blech, sowie in der hohen Qualität der Schlaginstrumente einem großen Orchester in nichts nach ... So gespannt, wendig und wandlungsfähig wie Maestro Barth am Dirigentenpult, erwies sich auch das Philharmonische Orchester und wiegte sich mit ihm in den schmiegsamen Rhythmen, fand einschmeichelnde und zärtliche Töne, sparte auch nicht mit Duft und Grazie..." [216]

Gute Beziehungen zu Südtirol, insbesondere zu Meran bestanden seit den 50er Jahren, da Dr. Barth schon damals wiederholt als Gastdirigent das große Meraner Kurorchester dirigiert hatte. Auf die erfolgreiche Tournee des Jahres 1964 folgten weitere Gastspielreisen des Philharmonischen Orchesters in den Jahren 1969, 1972, 1976, 1977 und 1980. Vor allem im Jahre 1976 halfen die Reichenhaller Philharmoniker in Meran mit, den 140. Geburtstag des Kurortes festlich zu gestalten. Dr. Barths Beliebtheit in Südtirol fand auch in regelmäßigen Einladungen, das *„Haydn-Orchester"* in Bozen zu dirigieren, ihren Niederschlag.

Das Philharmonische Orchester hat sich wiederholt auch der zeitgenössischen Musik angenommen, wenn auch nicht immer mit der ungeteilten Zustimmung des Publikums. Im März des Jahres 1965 gelang den Reichenhallern mit der *Uraufführung der I. Symphonie in d-Moll* des österreichischen Komponisten Josef Ramsauer ein Erfolg, der vor allem auch in der österreichischen Presse [217] groß herausgestellt wurde:

„... Nachdem dort, wo der Groschen geschlagen wurde, dieser bekanntlich nichts gilt, nimmt man sich manchmal in der Fremde seiner an. Da führte das auf beachtlichem Niveau stehende Philharmonische Orchester Bad Reichenhall die I. Symphonie in d-Moll von Josef Ramsauer (Bad Ischl) auf, und das Publikum des oberbayerischen Städtchens am Fuße des Predigtstuhls nahm das Werk positiv auf..." [218]
oder

„... Das auf 50 Mann verstärkte Philharmonische Orchester Bad Reichenhall unter der Leitung seines Dirigenten Dr. Wilhelm Barth bot mit dieser erfolgreichen Uraufführung eine bemerkenswerte Leistung und bewies außerdem Pioniergeist; das harmonische Zusammenwirken aller Beteiligten gereichte diesem Klangkörper zur Ehre ..." [219] oder

„Lohnt sich die Uraufführung des Werkes eines Komponisten, der keinen Ehrgeiz hat, sich den Strömungen der Zeit anzupassen? Der Fall Bad Reichenhall hat eindeutig gezeigt, daß es sich wirklich lohnt, denn es ist gar nicht so wichtig, wie man allgemein tut, welcher Tonsprache sich ein Komponist bedient, es kommt einzig und

---

216) AB, Dr. Barth und das Reichenhaller Orchester (Sp.), Dolomiten, 20. Oktober 1964
217) Tagblatt - Linz, Neue Zeit - Linz, Oberösterreichische Nachrichten, Linzer Volksblatt, Salzburger Volksblatt, Salzkammergut-Zeitung, Neue Illustrierte Wochenschau - Salzburg
218) AB, Oberösterreichische Nachrichten (Rudolf Pfann), 12. März 1965
219) AB, Linzer Volksblatt (M. Bachler-Rix), 13. März 1965

allein darauf an, was er auszusagen hat ... Für das Orchester ... und ganz besonders
für den begabten jungen Dirigenten Dr. Wilhelm Barth war diese Uraufführung eine
Bravourleistung." [220]

Aber auch in der heimischen Zeitung fand das Ereignis seine Würdigung:

„... In der Tat haben die Reichenhaller Symphoniker unter der exakten, umsichti-
gen und temperamentvollen Leitung ihres Dirigenten ... dem stellenweise recht
schwierigen Opus Josef R a m s a u e r s, nach äußerst sorgfältiger Vorbereitung, eine
von tiefem Verständnis für die Tonsprache des Österreichers erfüllte, eindrucks-
volle Interpretation zuteil werden lassen. Die Symphonie läßt deutlich und ehrlich
die Einflüsse erkennen, die für das Schaffen R a m s a u e r s bestimmend geworden
sind: die Herkunft von der Hausmusik und Volksmusik, ..., haftende Eindrücke von
der Kirchenmusik, ..., und ein von tiefer Ehrfurcht erfülltes, eingehendes Studium
der Werke von J. S. Bach und Bruckner, durch das er sich eine imponierende Be-
herrschung des Kontrapunktes erarbeitet hat ... Der anwesende Komponist erntete
lebhaften, sich immer wieder erneuernden Beifall und teilte in einer kurzen An-
sprache mit, daß er sein Werk zum Dank für die ›ganz vorzügliche‹ Aufführung dem
Philharmonischen Orchester und der Stadt Bad Reichenhall widme und es ›Rei-
chenhaller Symphonie‹ benenne..." [221]

Neben der großartigen Aufführung von Verdis „*Requiem"* im Münster St. Zeno (Im
Gedenken der Toten, am 20. Jahrtag des Fliegerangriffs vom 25. April 1945), bei
der neben dem Philharmonischen Orchester die neue „*Singgemeinschaft"* und die
„*Salzburger Liedertafel"* (insgesamt rund 200 Personen) mitwirkten, war im Herbst
des Jahres 1965 auch noch die „*IX. Symphonie"* zu hören, weil das Orchester die
20. Wiederkehr seiner eigenen Gründung feiern konnte. (Auch beim 30-jährigen
Jubiläum gelangte Beethovens Meisterwerk zur Aufführung!)

Probleme hatte das Philharmonische Orchester für Jahrzehnte durch die unter-
schiedliche Interessenlage seiner Träger und Zuschußgeber. Die Staatliche Kurverwaltung (und im Hintergrund das Bayerische Staatsministerium der Finanzen)
einerseits sah in dem Orchester in erster Linie den Produzenten der Kurmusik und
nur dafür bezahlte sie den Klangkörper. Das Bayerische Staatsministerium für
Unterricht und Kultus andererseits konnte nur Mittel bereitstellen, wenn das Orchester seine Aufgaben als „Kulturorchester" erfüllte, d. h. „symphonische Mu-
sikwerke" produzierte und über die Stadt Bad Reichenhall hinaus auch in das re-
gionale Umfeld hineinwirkte. Die Staatliche Kurverwaltung zahlte für die Kurmusik nur im Rahmen des sogenannten „Bädertarifs" und der bildete bekanntlich das „Schlußlicht" aller Musikertarife (weil die Ansprüche bei der Kurmusik im
allgemeinen längst nicht mehr besonders hoch waren). So ist es kaum verwun-

---

220) AB, Neue Zeit, Oberösterreichische Ausgabe der Volksstimme (Franz Kinzl), 12. März 1965
221) AB, Schubert-J.S. Bach-Ramsauer (Alfred Grote), Reichenhaller Tagblatt, 13. März 1965

Das Philharmonische Orchester Bad Reichenhall bei der zweiten Aufführung der I. Symphonie in d-Moll (Reichenhaller Symphonie) von Josef Ramsauer im Bruckner-Haus Linz, 1965. Der gefeierte Komponist in der Bildmitte. Die Uraufführung des Werkes war im März 1965 in Bad Reichenhall.

derlich, daß die Klagen über die relativ geringen Gagen für die Orchestermusiker sich über Jahre hinweg in den Jahresberichten spiegeln. Im Jahre 1965 zum Beispiel verdiente ein Musiker des Philharmonischen Orchesters Bad Reichenhall DM 740,– (brutto)[222]. Da alle Musiker neben den Kurmusik-Produktionen in einem erheblichen Maße auch ihrem Auftrag als Symphoniker nachkamen, fühlten sie sich unterbezahlt und vom *„Wirtschaftswunder übergangen"*. Die Folge war, daß viele bewährte Musiker und Könner nach und nach aus dem Orchester ausschieden und junge, gutausgebildete Nachwuchskräfte im Rahmen der finanziellen Vorgaben nicht zu bekommen waren.

„... Wen nimmt dies wunder, wenn er hört, daß beispielsweise ein 50jähriger Straßenkehrer der Stadt Bad Reichenhall, verheiratet mit einem Kind, monatlich DM 1.193,– verdient, während unsere I. Geiger, der Solocellist, der Solohornist, und der Solotrompeter DM 1.040,– erhalten ..."[223]

Das Orchester stand so, ganz besonders auch hinsichtlich seiner künstlerischen Leistungsfähigkeit vielfach vor kaum lösbaren Problemen. Im vermehrten Maße wurde schließlich auf solche Ersatzkräfte aus dem Ausland zurückgegriffen, die zu den ungünstigen Tarifbedingungen noch zu arbeiten bereit waren. Schon 1971 befanden sich unter den 36 Orchestermitgliedern zehn ausländische Musiker, nämlich je ein Bulgare, Chilene, Israeli, Italiener, Jugoslawe, Österreicher, Rumäne, Ungar, Tscheche , Türke[224].

Wenn das Orchester, trotz der jahrelangen chronischen Finanznot, dennoch alle Schwierigkeiten meisterte und überlebte, dann nur dank der übrigen Zuschüsse und der Genügsamkeit seiner Musiker. Diese stets spannungsreiche Situation förderte allerdings gewisse Richtungskämpfe innerhalb des Orchesters. So gab es einige, die wollten *„nur Kurmusiker"* und aller übrigen Aufgaben entledigt sein, während eine andere Fraktion *„nur Symphoniker"* sein wollten. „Nur Kurmusik" wäre natürlich möglich gewesen, aber mit der Konsequenz, daß das große Orchester hätte aufgegeben werden müssen (1962 war man fast soweit!). „Nur Symphonie" war nicht möglich, denn dann hätte man auf die Einnahmen aus der Kurmusik (Zuschüsse der Staatlichen Kurverwaltung) verzichten müssen, und das hätte ebenfalls das Ende bedeutet, da die übrigen Gelder die Lücke nicht zu schließen vermochten.

Der Realist Dr. Barth wußte das Schiff stets auf Kurs zu halten: Das Philharmonische Orchester sollte ein *„Kulturorchester"* sein und in dieser Eigenschaft auch *„beste Kurmusik"* produzieren. Nur so waren Kurverwaltung und Kurgästeschaft zufriedenzustellen und letztlich sogar auch auf diesem Wege ein Kulturauftrag zu

---

222) AB, Jahresbericht 1965
223) AB, Jahresbericht 1971
224) Ebenda

Dr. Wilhelm Barth mit dem Philharmonischen Orchester Bad Reichenhall im Jahre 1975 (30-jähriges Jubiläum).

erfüllen: Gab es doch unter den Kurgästen genügend Menschen, die erst über einen Kuraufenthalt an gute Musik herangeführt wurden! [225]

Ein erster Schritt zur sozialen Angleichung der Musiker geschah im Jahre 1973, als das Philharmonische Orchester Mitglied bei der *„Versorgungsanstalt der deutschen Kulturorchester"* wurde, weil dadurch den Musikern ein Anspruch auf eine verstärkte Altersversorgung (Zusatzversicherung) erwuchs. [226] Im Jahre 1979 endlich wurde das Orchester als einziger Klangkörper, der auch Kurmusik spielt, in den Kreis der fünf nichtstaatlichen Orchester aufgenommen, die vom Freistaat Bayern mit einem außerordentlichen Zuschuß bedacht wurden. Damit war die lange Durststrecke überwunden weil nun die Orchestermitglieder nach dem *„Tarif-Vertrag für Kulturorchester"* (TVK) eingruppiert und bezahlt werden konnten [227] (damals Tarifgruppe „D", seit 1991 „C"!).

Im Rahmen der neuen Tarifordnung wurde nun auch erstmals eine echte Personalpolitik möglich und damit ein Markstein zur erneuten Leistungssteigerung des Klangkörpers gesetzt. Durch die neuen Bedingungen wurde auch die Sollstärke des Orchesters auf nunmehr 39 Musiker angehoben. Auch konnte damals im großen Stil neues Notenmaterial beschafft werden, wobei nicht unterschlagen werden soll, daß Dr. B a r t h im Laufe von rund zwei Jahrzehnten das umfangreiche Archiv des Orchesters (etwa 1000 Musikalien) geprüft, ergänzt, modernisiert und für den Spielgebrauch eingerichtet hatte. [228]

Die allgemeine Leistungssteigerung des Orchesters kam in den 80er Jahren auch darin zum Ausdruck, daß, durch die Einrichtung vermehrter Proben, die *„Symphonischen Abendkonzerte zur Förderung junger Künstler"* zur ständigen und regelmäßigen Veranstaltung wurden. Die Zeit für den vermehrten Probenaufwand konnte allerdings nur durch die Verpflichtung von Ersatzklangkörpern (Blaskapellen, Akkordeonorchester, Chöre, Streichquartette, Solisten) gewonnen werden. Allerdings wurde auch das Soll der jährlichen Kurkonzerte seit Beginn der 80er Jahre um etwa 25% reduziert.

Nachdem sich in Bad Reichenhall eine Volkshochschule etabliert hatte (1967) lag es nahe, sogenannte *„Einführungsvorträge"* mit Musikbeispielen zu den Abonnementkonzerten anzubieten. Seit dem Jahre 1969 hat D r . B a r t h diese Aufgabe mit Erfolg wahrgenommen, ein Bereich, der von seinen Nachfolgern weitergeführt wurde und bis zur Gegenwart so gehandhabt wird.

Im Jahre 1977 veranstaltete das Phiharmonische Orchester, einer Idee des damaligen VHS-Leiters Karl W e l s e r s folgend, zur Faschingszeit seinen ersten *„Hofball mit Melodie und Nostalgie"*. Daraus entwickelten sich der spätere *„Philharmoniker Ball"* (auch „Vielhormonischer Ball").

---

225) Dr. Wilhelm Barth im Gespräch
226) Für viele Orchestermitglieder blieb diese Chance einer verbesserten Versorgung jedoch „altersbedingt" ohne Relevanz; auch der Dirigent, Dr. Barth, war zu diesem Zeitpunkt schon ein halbes Jahr „zu alt"!
227) AB, Jahresbericht 1979
228) Im Gespräch bemerkte Herr Dr. Barth dazu, daß er für diese Tätigkeit eine Arbeitszeit von rund 10.000 Stunden aufgewendet hatte!

Eine andere Idee wurde von dem damaligen Vereinsvorsitzenden Hans Erich Eilenstein (1968-1982) eingebracht. Eilenstein, der als Hobbymusiker Tenor-
saxophon spielte, plädierte für die Bildung einer Band mit amerikanischem Jazz-
Sound und so entstand im Jahre 1979, als Sektion des Philharmonischen Orchesters die sogenannte „Big Band" oder „Philharmonic Big Band". Die Musiker pflegen in dieser Besetzung das Repertoire der großen amerikanischen Tanz- und Un-
terhaltungsorchester von Glen Miller *(Moonlight serenade)* über Sydney Bechet
(Petit fleur) bis Freedman *(Rock around the Clock)* oder Mac Dermot *(Let the sun-
shine in)* usw. sowie die beliebten südamerikanischen Tanz-Rhythmen (Mambo,
Rumba, Samba usw.). Auch wenn diese Musik vielleicht weniger im herkömmlichen Verständnis unter „Philharmonie" einzureihen ist, so hat auch sie viele Freunde und bringt vor allem Abwechslung in die Kurkonzerte.

Im Jahre 1983 wurde die Exixtenz des Philharmonischen Orchesters durch einen
Bericht des Bayerischen Obersten Rechnungshofes über die „Prüfung der Verwendung und Verwaltung der dem Orchester gewährten Zuschüsse des Freistaates Bayern (hier Ressort des Bayerischen Staatsministeriums für Unterricht und Kultus)"
höchst gefährdet. In diesem Prüfungsbericht wurde nämlich zum Ausdruck gebracht, daß das Philharmonische Orchester im Rahmen seiner Tätigkeit in erster
Linie als „Kurochester" in Erscheinung trete und die „ernst zu wertenden" Musik-
produktionen „weniger als 10%" betrügen.

Dieser Prüfungsbericht veranlaßte deshalb auch das Kultusministerium, über den
interministeriellen Dienstweg eine Stellungnahme der Staatlichen Kurverwaltung
Bad Reichenhall einzuholen, schließlich kamen die dem Orchester in seiner Eigenschaft als „Kulturorchester" gewährten Zuschüsse zu rund zwei Drittel aus dem
Budget dieses Hauses.

Kurdirektor Hans-Wolfgang Städtler ging sofort in einer ausführlichen Stellungnahme[229] auf den kritischen Inhalt des genannten Rechnungshofberichts ein. Er
stellte klar, daß die in dem Bericht angeführten Zahlenbeispiele (z. B. 526 Kurkonzerte und 76 andere Konzerte) natürlich richtig und gar nicht in Zweifel zu ziehen wären, daß aber die davon abgeleiteten Schlüsse und Bewertungen ein falsches
Bild gäben. Der Kurdirektor machte deutlich, daß das Philharmonische Orchester
zwar auch Kurkonzerte spiele, daß diese aber, durch die Kulturorchester-Eigen-
schaft des Bad Reichenhaller Klangkörpers durchwegs als „ernst zu wertende Musik" einzustufen wären. Das sei ja gerade der entscheidende Unterschied Bad Reichenhalls zu fast allen anderen Kurorten, daß eben hier „höherwertige Musik" den
Kurgästen angeboten würde und nicht nur die sonst allgemein übliche leichte musikalische Unterhaltung: „... Ich kann aus ständiger eigener Kenntnisnahme be-

---

229) AKV, 1983, Staatliche Kurverwaltung Bad Reichenhall, Schreiben an die Bezirksfinanzdirektion München
vom 20. Mai 1983, Philharmonisches Orchester Bad Reichenhall, hier: Örtliche Prüfung der Verwendung
und Verwaltung der dem Orchester gewährten Zuschüsse des Freistaates Bayern

stätigen, daß das Philharmonische Orchester regelmäßig Konzerte mit ›ernst zu wertender Musik‹ ... spielt, wobei das Wort regelmäßig auf das gesamte Spektrum der dargebotenen Musik und nicht nur auf die Bewertung eines jeweiligen Einzelkonzerts abzustellen ist![230]

Kurdirektor Städtler warnte, daß der Wegfall des Orchesters eine Verarmung des musikalischen Kulturlebens ganz Südostbayerns zur Folge hätte, einer Landschaft, die traditionell der Musik in hohem Maße verbunden wäre. Dabei wären für die Kurverwaltung nicht einmal sonderlich Kosten zu sparen:

„... Die Auflösung des Philharmonischen Orchesters als Kulturorchester und das Engagement eines in anderen in Kurorten üblichen kleinen Kurensembles würde ... der Kurverwaltung nahezu entsprechend hohe Kosten verursachen. Gleichzeitig müßten teuere Kulturorchester für Sonderkonzerte engagiert werden, wenn wenigstens einige Male im Jahr Konzertabende mit ›ernst zu wertender Musik‹ geboten werden sollten."[231]

Die Stellungnahme des Bad Reichenhaller Kurdirektors führte in der Tat zu einer einvernehmlichen Lösung aller zuständigen Instanzen in den beteiligten Ministerien und Behörden (Staatsministerium für Unterricht und Kultus, Staatsministerium der Finanzen, Bezirksfinanzdirektion München). Der „bittere Kelch" war vorerst vom Tisch.

Im Folgejahr 1984 beschloß Dr. Wilhelm Barth, nach über 32-jähriger Tätigkeit, die Leitung des Philharmonischen Orchesters niederzulegen. Im Alter von nunmehr 70 Jahren trat er in den Ruhestand.

Kurmusik und Musiktherapie

In vielen vorausgegangenen Darstellungen unserer Orchestergeschichte war es meist nur um das Sommerorchester in Bad Reichenhall gegangen, um das Kurorchester also. Auch das Philharmonische Orchester, das sich wie gezeigt, vor allem als Symphonie-Orchester verstand und alles daran setzte als solches zu bestehen und anerkannt zu werden, hatte vor allem auch *„Kurmusik"* zu produzieren. Die Kurkonzerte standen sogar und stehen auch heute noch rein quantitativ im Vordergrund aller Produktionen.

Aus den Jahresberichten (ab 1962) läßt sich recht gut ablesen, daß die jährlichen Gesamtzahlen aller aufgeführten Kurkonzerte in den 60er und 70er Jahren fast immer *über 550 Konzerte* betrugen mit der Kulmination von 568 Konzerten im Jahr 1965 und sogar 581 im Jahr 1975 (Jubiläumsjahre mit einer wohl verstärkten Kon-

---

230) Ebenda
231) Ebenda

zerttätigkeit auch im Bereich der Kurmusik). Erst in den 80er Jahren trat hier, um Probenmöglichkeiten zu schaffen, eine Reduzierung um etwa 25 Prozent auf rund 400 Kurkonzerte jährlich ein.

Wenn auch die „Kurmusik" im allgemeinen als eine tradierte Form der gehobenen gesellschaftlichen Unterhaltung eingestuft wird und gelegentlich auch ein abschätziges Urteil erfährt, was bei den heute in manchen Kurorten üblich gewordenen Klein- und Kleinstkapellen sogar verständlich ist, so wird dabei völlig übersehen, daß der Musik seit Menschengedenken auch eine „heilende Wirkung" zugesprochen wird.

Wurde dieser von der Musik ausgehende therapeutische Effekt in den großen Traditionsbädern der früheren Zeit, die alle große Kurorchester unterhielten, wohl mehr intuitiv geahnt als kognitiv gewußt, so verfügt man zu dieser Thematik heute über erstaunlich viele und wissenschaftlich begründete Aussagen.

Sowohl das „Musiktherapeutische Institut" in Würzburg (als älteste neben anderen deutschen Einrichtungen) wie auch z. B. die „Österreichische Gesellschaft zur Förderung der Musikheilkunde" in Wien forschen und arbeiten seit Jahrzehnten an dem Phänomen „Heilung durch Musik".

Viele Erkrankungen sind, wie die Medizin längst weiß, seelisch bedingt, weil etwa langanhaltende oder tiefe Störungen des Gefühlslebens sich schließlich körperlich artikulieren. Solche Zusammenhänge liegen allerdings jenseits des Tagesbewußtseins, damit des Willens und sind deshalb schwer zu diagnostizieren. Trotz dieser Erkenntnisse beschränkt sich die medizinische Behandlung im allgemeinen auf eine bloße Therapie der Symptome; die Forderung nach einer ganzheitlichen Medizin bleibt nicht zuletzt aus Zeit- und Kostengründen problematisch.

Dabei liegt gerade in einem Heilbad wie Bad Reichenhall nichts näher als eben auch die Musik, die große Trösterin und Freudenspenderin („Musik ... Du Sprache, wo Sprachen enden...", wie Rilke dichtete) als begleitende Therapie einzusetzen.

Aus der Fülle musikmedizinischer Untersuchungsergebnisse geht nämlich hervor, daß das Musikhören sowohl die menschlichen Stoffwechselprozesse wie auch die Atmung, Muskelkräfte und die Pulsfrequenz beeinflußt. Weiterhin bewirkt die Musik auch hormonale und neurovegetative Veränderungen im Körper. Da es wiederum kein Organ am menschlichen Körper gibt das nicht über das vegetative Nervensystem und den Hormonhaushalt gesteuert wird, sind den musik-therapeutischen Möglichkeiten eigentlich kaum Grenzen gesetzt.

In der Tat sind auch schon viele Fälle bekannt, daß Patienten mittels der Musik geheilt werden konnten. Einschränkend wurde bei den musikmedizinischen Forschungen allerdings festgestellt, daß es nicht darauf ankommt Patienten lediglich für eine bestimmte Zeit mit Musik zu „berieseln", sondern daß der „Musikauswahl" dabei eine entscheidende Rolle zufällt. So ließ sich z. B. nachweisen, daß vor allem die *„Barockmusik"* sehr schnell zur *„inneren Ruhe und Ausgeglichenheit"* führt. Werke klassischer oder romantischer Komponisten dagegen aktivierten und bauten angenehme Erregungszustände auf. Die moderne Musik schließlich wirke in den meisten Fällen so aufreizend, daß sie im Regelfall als nicht ertragbar erscheine. Daß die sogenannte leichte Unterhaltungsmusik, obwohl von vielen Patienten zunächst gewünscht, überhaupt keine Ergebnisse zeitige, gehörte wohl zu den überraschendsten Ergebnissen.

Dr. Wilhelm Barth hat sich mit den Einsichten und Erkenntnissen der Musiktherapie viel beschäftigt und hat auch selbst darüber gearbeitet.[232]

„... Wo und wann ist der Mensch aufgeschlossener und empfänglicher als in einer von der Natur gesegneten Umwelt, die ihn dem Alltag entreißt und die Möglichkeit gibt, die Musik in vollen Zügen als Heilquelle zu genießen? Müßten die Kurorchester nicht zum Dienst an der Volksgesundheit erfunden werden, wenn es sie nicht schon lange gäbe?" [233]

Dr. Barth versuchte die wissenschaftlichen Forschungsergebnisse in die Praxis umzusetzen und vor allem der Kurmusik neue Inhalte zu geben. So ist auch sein ständiger Kampf zu verstehen, die *„leichte Musik"* (nach Dr. Barth *„einfallslose und substanzlose Musik von Vielschreibern!")* von der Kurmusik fernzuhalten. Die besten Voraussetzungen, musiktherapeutisch wirken zu können, sah Barth bei den Symphonischen Abendkonzerten, deren Programm er deshalb mit Bedacht zusammenstellte. Viele Bad Reichenhaller Kurärzte haben früher ihre Patienten auf die therapeutische Wirkung der Kurkonzerte als *„flankierende Behandlung"* hingewiesen und Dr. Barth konnte im Laufe seiner langen Tätigkeit als Leiter des Kurorchesters auch entsprechende Erfahrungen sammeln. Ungezählte Kurgäste haben sich mündlich und schriftlich beim Dirigenten für die *„wohltuende Musik"* bedankt und nicht zuletzt der Kurmusik ihre wiedergefundene Genesung oder Besserung ihres Allgemeinbefindens zugeschrieben. Unter den damaligen Kurgästen befand sich auch ein heute international bekannter Architekt aus Stuttgart, der ganz unumwunden aussprach, daß er *„ausschließlich dem täglichen Besuch der Kurkonzerte"*, auf die ihn allerdings sein Arzt hingewiesen hätte, die Wiederherstellung seiner seelischen Stabilität verdankte.

---

232) AB, 1979, Dr. Wilhelm Barth, Heilung durch Musik, veröffentlicht in dem Sonderheft „Die Kur im Alpenklima", (Dieser Aufsatz ging auch über den Presseverteiler an alle Medien und wurde z. T. ganz oder in Auszügen abgedruckt.)
233) Ebenda

Zeitgeschichtliche Betrachtungen

Die „Freunde des Philharmonischen Orchesters Bad Reichenhall e.V."

Zum ersten Mal hat sich das Orchester, wie schon dargestellt, als *„Orchesterverein"* am 1. Oktober 1945 zusammengefunden. 1. Vorsitzender und zugleich Dirigent war damals Hans Resch (1945-1947). 1947 schied Resch aus und zum Nachfolger im Vorsitz wählte man das Orchestermitglied Adolf Schweis (1947-1960). Der Orchesterverein hatte in jenen Jahren nur den Status einer *privaten Gesellschaft.* Die Konsequenz war, daß z. B. jeder einzelne Orchestermusiker in einem eigenen Vertragsverhältnis zur Staatlichen Kurverwaltung, als dem *Hauptträger des Orchesters,* zu stehen hatte.

Am 9. März 1960 änderte sich diese Situation. Die Zeit war reif geworden, den privaten Orchesterverein in eine *„juristische Person",* in einen sogenannten *„eingetragenen Verein"* zu wandeln. Fortan konnte die Kurverwaltung mit dem Vorstand des Vereins, als seinem Vertreter, Verträge aushandeln und abschließen. Allerdings war damals auch zur Bedingung gemacht worden, daß der 1. Vorsitzende selbst *nicht* Mitglied des Orchesters sein durfte. Erstmals hatte deshalb auch ein „Außenseiter", Rechtsanwalt Dr. Willi Walter (1960-1968), diese Position *ehrenamtlich* übernommen. Nach drei Wahlperioden wurde er 1968 von dem juristisch gebildeten Versicherungskaufmann Erich Eilenstein (1968-1982) abgelöst. Auf Eilenstein folgte Dr. Wilhelm Barth (1982-1984), der damals das Amt des Chefdirigenten mit dem des 1. Vorsitzenden in seiner Hand vereinen konnte. Nach dem Ausscheiden Barths übernahm Rechtsanwalt Peter Gmeiner (1985-1988) die Verantwortung im Vorstand. Unter seiner Ägide und unter seinem Einfluß vollzog sich 1985 eine *Satzungsänderung,* die gravierend in die Struktur des bisherigen Gefüges eingriff und sie grundsätzlich veränderte.

Hatte sich am 9. März 1960 das Orchester selbst zum *„Philharmonischen Orchester Bad Reichenhall e.V."* konstituiert so verfolgte die von Gmeiner initiierte und wohl auch ausgearbeitete Satzung vom 23. Oktober 1985 ganz andere Ziele. Der neue *„Freunde des Philharmonischen Orchesters Bad Reichenhall e.V."* wollte ein Verein sein, der völlig losgelöst vom Orchester existiert, dessen gesamte satzungsgemäße Zwecksetzung (Pflege und Förderung klassischer und zeitgenössischer Musik, Erhaltung und Förderung des Philharmonischen Orchesters Bad Reichenhall u.s.w. §2) jedoch auf das Orchester ausgerichtet ist: „Zur Durchführung seiner Ziele und kulturellen Aufgaben bedient sich der Verein des Philharmonischen Orchesters Bad Reichenhall" (§ 2, 3).

Gmeiner wollte das Orchester vom Ballast aller kaufmännischen und administrativen Aufgaben befreien; der Klangkörper, unter seinem künstlerischen Leiter, sollte sich in erster Linie auf seine musikalischen Produktionen konzentrieren können.

Da der Verein für das Orchester das gesamte Rechnungswesen erledigt, folglich auch alle Zuschüsse und andere Inkassos vereinnahmt, hat er gleichsam die *Trägerschaft* für das Orchester übernommen, oder mit anderen Worten: Der Verein ist heute der eigentliche *Arbeitgeber* des Orchesters. Mit diesen Aufgaben ist selbstverständlich die Vorstandschaft und die Geschäftsführung betraut.

Auf der Vorstandsebene der „Freunde des Philharmonischen Orchesters Bad Reichenhall e.v." besteht eine innere Verbindung zum Orchester insofern, als gemäß Satzung der *„stellvertretende Vorsitzende" „möglichst Orchestermitglied"* sein soll (§9). Anderen Orchestermitgliedern sowie auch *„Personen, die in einem Beschäftigungsverhältnis zum Verein"* stehen, ist dagegen die *Mitgliedschaft verwehrt* (§4).

Die interessante Konstruktion, die im übrigen auch eine *Öffnung* nach draußen brachte, da generell alle Musikfreunde und Anhänger des Philharmonischen Orchesters, natürliche und juristische Personen, die Mitgliedschaft bei den „Freunden" beantragen können, hat sich nun schon seit mehreren Jahren bewährt.

Seit 1988 ist Josef Sichert, Vorstandsvorsitzender der Sparkasse Berchtesgadener Land, der 1. Vorsitzende der „Freunde des Philharmonischen Orchesters Bad Reichenhall e.V.". Der Verein zählte im Jahr 1992 133 Mitglieder.

Christian Simonis (1985-1990)

Wie sich auch am Ende der „Ära Barth" das Verhältnis zwischen Orchester und Dirigenten gestaltet haben mochte, der Nachfolger stand jedenfalls im hellen Licht des Vergleichs. In die großen Fußstapfen des fast legendären Vorgängers zu treten erforderte außer Erfahrung auch Mut und Selbstwertgefühl. Christian Simonis, der erfolgreichste Bewerber des Jahres 1984, stellte sich dieser Aufgabe und der Reiz des Neulandes hat ihn wohl auch beflügelt.

1956 in Wien geboren, fing seine Ausbildung früh an mit der Erziehung bei den Wiener Sängerknaben, bei denen er mit neun Jahren eintrat und bis zu seinem vierzehnten Lebensjahr verblieb. Schon mit vierzehn Jahren gelangte Simonis an die Hochschule für Musik in Wien, wo er von 1970 - 1973 die Fächer Schlagwerk, Fagott, Musiktheorie und Dirigieren studierte. Gleichzeitig nahm er am Konservatorium der Stadt Wien Gesangsunterricht. Von 1973 an war Simonis Dirigent beim Jeunesse-Kammerorchester, unternahm Tourneen, machte Produktionen von Schallplatten und arbeitete auch für Rundfunk und Fernsehen. Im Jahre 1980 beendete er diese Tätigkeit, widmete sich von nun an mehr musikwissenschaftlichen Aufgaben und war zu dieser Zeit auch Präsident der Josef-Haydn-Gesellschaft in Wien.

Mit 29 Jahren wurde Christian Simonis schließlich im Jahre 1985 Chefdirigent des Philharmonischen Orchesters Bad Reichenhall. Simonis konnte dabei gleichsam ein bestelltes Feld übernehmen; die harten Hungerjahre und Zeiten der Pionierarbeit waren ja längst vorüber. Das Orchester von 1985 verstand sich als festgefügter, tariflich abgesicherter und auch in seinen Interessen von der Gewerkschaft vertretener Klangkörper. Es gab ein breites und bewährtes Programm, über 2000 Repertoirestücke standen zur Verfügung. Nicht zuletzt fand Simonis ein musizierfreudiges Ensemble vor, das sich von dem neuen, jugendlichen Dirigenten auch viele weitere Erfolge versprach.

Das Jahr 1985 brachte ein Jubiläum. Zum 40. Mal konnte das Philharmonische Orchester seiner Anfänge gedenken. Höhepunkt war ein Festakt im Staatlichen Kurhaus bei dem das Orchester die musikalische Umrahmung gestaltete. Festredner war der damalige Kultusminister, Prof. Dr. Hans Maier.

1986 konnte Simonis mit dem Philharmonischen Orchester die *Langspielplatte* „Offenbach-Strauß" auf den Markt bringen, die vom Publikum interessiert aufgenommen wurde. Christian Simonis war von Anfang an bestrebt neue Ideen einzubringen. Das obligatorische Jahres-Konzertprogramm, das durch rund 380 Kurkonzerte und rund 75 Sonderkonzerte geprägt war, sollte durch neue Akzente belebt werden. So galt eine Intention des jungen Dirigenten der musikalischen Früherziehung und so wurde die Zahl der *Jugend-* und *Schülerkonzerte* von Jahr zu Jahr erweitert – 1986: 3 Konzerte, 1987: 3, 1988: 5, 1989: 7 und 1990 ebenfalls 7 Konzerte. Im Jahr 1990 wurden auch sogenannte *„Kindergarten-Konzerte„* (für die ersten und zweiten Hauptschulklassen) eingeführt und damit die Schülerkonzerte insgesamt in vier Programme gegliedert:
1) „Kindergärten", erste/zweite Klassen
2) dritte/vierte Klassen
3) fünfte/sechste Klassen
4) siebte/achte Klassen

Alle Schülerkonzerte fanden im Rahmen des Unterrichts statt, waren auf den Lehrplan abgestimmt und wurden im gesamten Landkreis Berchtesgadener Land abgehalten.

Christian Simonis mit dem Philharmonischen Orchester bei einem Schülerkonzert im Jahre 1989.

Zur musikalischen Früherziehung gehörte auch eine gewisse Zusammenarbeit mit der *„Musikschule Bad Reichenhall"*, an der mehrere Orchester-Musiker als *Fachlehrer* tätig waren und mit der man jährlich ein gemeinsames Konzert organisierte.

Chefdirigent Christian Simonis intensivierte auch wieder die Zusammenarbeit mit den diversen *Laienchören* der Stadt und der Region und so war auch hier eine steigende Anzahl entsprechender *Chor-Konzerte* zu registrieren – 1985: 5 Konzerte, 1986: 8, 1987: 12, 1988: 13, 1989 und 1990: ebenfalls 13 Konzerte.

Im Jahre 1988 wurde auf Anregung von Christian Simonis die Dirigentenklasse der *Hochschule für Musik* München unter Prof. Hermann Michael zu einem Dirigenten-Seminar eingeladen, das mit gutem Erfolg über die Bühne ging. Das Experiment entwickelte sich zur Einrichtung eines *„Dirigentenpraktikums"*, das im Turnus von zwei Jahren wiederholt werden sollte. Im Jahre 1990 wurde dieses

Praktikum in Zusammenarbeit mit der Orchesterakademie des Bayerischen Musikrates von drei jungen Dirigenten wahrgenommen.

Eine weitere Neuerung bestand in der Einführung eines *Kompositionspreises,* der vom Philharmonischen Orchester ebenfalls im Zweijahresturnus ausgeschrieben werden sollte. Zum ersten Mal geschah dies im Jahr 1989. Die Jury, darunter Prof. Bertold Hummel, Prof. Wilhelm Killmayer, Dr. Franzpeter Messmer, Dr. Thomas Daniel Schlee und Christian Simonis, entschied sich damals für die beiden zeitgenössischen Komponisten Rolf Rudin und Stefan Hippe. Die beiden Preisträger konnten ihre Werke mit dem Philharmonischen Orchester im Rahmen der Symphonischen Abendkonzerte uraufführen.

Ein wesentlicher Schwerpunkt der Orchesterarbeit war schon bisher die *Förderung junger Künstler* bei den *Symphonischen Abendkonzerten.* Zusammen mit der Hochschule für Musik München wurde dieser Bereich weiter verdichtet und so kamen viele gemeinsame Veranstaltungen ins Programm, etwa die *Konzerte der Opernklasse* oder jene mit *jungen Dirigenten* und *Instrumentalisten.* Durch solche Aktivitäten übernahm das Philharmonische Orchester Bad Reichenhall, in Erfüllung einer nahezu akademischen Lehrverpflichtung, einen wichtigen Faktor in der Ausbildung der jungen Musiker.

Einen außerordentlichen Höhepunkt mit großer publizistischer Wirkung brachte das Jahr 1989. Es war das 100. Todesjahr Josef Gung'ls (1809 - 1889), des ersten Gründers eines Konzertorchesters in Bad Reichenhall. Christian Simonis hatte deswegen für den 21. Mai 1989 eine *„Festmatinee"* anberaumt und ausschließlich Werke von Gung'l sowie seines Schwiegersohnes Paepke auf das Programm gesetzt. Gleichzeitig hat das Philharmonische Orchester *„Melodien eines vergessenen Komponisten"* (Josef Gung'l) auf eine *Musikkassette* eingespielt, die damals der Öffentlichkeit vorgestellt wurde.

Eine gewaltige Zäsur brachte die Eröffnung des Kurgastzentrums am 20. Juli 1989, deren sämtliche Festakte vom Philharmonischen Orchester begleitet wurden. Das mit großem Aufwand errichtete Gebäude, insbesondere sein repräsentatives Theater, das seither dem Orchester für alle großen Konzert-Veranstaltungen zur Verfügung steht, bietet nun erst den rechten Rahmen. Das im selben Jahr von Simonis erstmal veranstaltete *Sylvester-Konzert* erfreut sich inzwischen größter Beliebtheit und ist zur ständigen Einrichtung geworden.

Im Jahr 1990 stand ein weiteres Jubiläum im Blickfeld. 100 Jahre waren vergangen, seit Reichenhall im Jahre 1890 das Prädikat *„Bad"* zuerkannt worden war. Natürlich fand dieser Anlaß auch seine Würdigung in einer entsprechenden *Fest-*

schrift. In dieser Festschrift wiederum wurde ein Aufsatz von Christian Simonis „*Das Philharmonische Orchester Bad Reichenhall 1868 - 1990*" veröffentlicht, der in dieser Arbeit bereits zitiert wurde. Simonis hat dabei mit viel Akribie Material zusammengetragen und schließlich zum ersten Mal eine umfassende Geschichte des Orchesters niedergeschrieben.

Zum Jahresende 1990 verließ Christian Simonis das Philharmonische Orchester Bad Reichenhall und wechselte, einem überraschenden Entschluß folgend, auf die Position des Chefdirigenten des Symphonie-Orchesters in Göttingen. Am 23. Oktober 1990 verabschiedete sich der rührige und vielseitige Dirigent mit einer Konzertveranstaltung in der Wandelhalle.

Klaus-Dieter Demmler (seit 1991)

Als im Laufe des Jahres 1990 die Dirigentenstelle des Philharmonischen Orchesters vakant wurde, stand man wieder vor dem Problem, eine geeignete Persönlichkeit für die vielschichtigen Aufgabenbereiche der Orchesterleitung zu finden. Nahezu 100 Bewerbungen waren eingegangen und das mit der Bestellung des Dirigenten befaßte Gremium hatte auch einige in die engere Wahl gezogen, doch keiner konnte den vielseitigen Anforderungen gerecht werden.

Da geschah es, daß an einem Symphonischen Abendkonzert im Sommer 1990 ein Gastdirigent aus Plauen höchste Aufmerksamkeit erregte: Klaus - Dieter Demmler. Sein Auftreten, sein sicheres Dirigat sowie nicht zuletzt die künstlerische Interpretation erwiesen solch einen Grad an Erfahrung und musikalischer Reife, daß es spontan zwischen den zuständigen Gesprächspartnern und ihm zu einer Vereinbarung kam, der bald Demmlers Zusage folgte.

Klaus-Dieter Demmler wurde 1939 in Weimar geboren. Nach dem Abitur studierte er an der dortigen Franz-Liszt-Hochschule und absolvierte sein Staatsexamen in den Fächern Dirigieren und Klavier. Seine klassisch zu nennende Laufbahn begann er als Korrepititor, Studienleiter, Chordirektor und 1. Kapellmeister, an sechs verschiedenen Theatern, wo er grundlegende Erfahrungen sammeln konnte. Als Chefdirigent und Musikalischer Oberleiter war er insgesamt 20 Jahre tätig: sieben Jahre am Theater Rudolstadt und über dreizehn Jahre in gleicher Position am Theater in Plauen.

Demmler wurde schon 1975 zum Musikdirektor ernannt und im gleichen Jahr zum Mitglied der Antonin-Dvořak-Gesellschaft in Prag aufgrund seiner Verdienste um die Förderung von Dvořaks Werken. Noch bevor die Grenzen der DDR fielen, konnte er Auslandserfahrungen sammeln, indem er der Einladung zu vielen Gastdirigaten folgte; Demmler dirigierte in der Tschechoslowakei, in Ungarn,

Musikdirektor Klaus-Dieter Demmler

Rumänien, Jugoslawien, Schweden, Cuba, auch in der (alten) Bundesrepublik Deutschland und in Finnland, dem er besonders verbunden ist und die symphonische Musik von Jean Sibelius mit eigenem Verständnis interpretiert.

Das Repertoire von Klaus-Dieter Demmler ist nahezu umfassend. Unter den fast 70 Komponisten seiner Liste ist eine ganze Anzahl, bei denen „alle Symphonien" steht, so daß sein Repertoire der Symphonischen Literatur sich auf über 100 Werke beläuft. Dazu kommt eine umfangreiche Kenntnis der Opernliteratur durch seine langjährige Tätigkeit am Operntheater, vor allem während der Jahre am Stadttheater in Rudolstadt und Plauen. Ebenso selbstverständlich beherrscht er die gehobene Unterhaltungsliteratur.

Was Klaus-Dieter D e m m l e r sozusagen als „Mitgift" für das Orchester und den Kurort mitbrachte, sind seine umfassenden Beziehungen zu Künstlern und Organisationen des Musiklebens, die er sich über Jahrzehnte aufgebaut hat und die für seine Aufgaben in Bad Reichenhall bezüglich einer anspruchsvollen Programmgestaltung besonderes Gewicht haben.

Klaus-Dieter D e m m l e r steht als Chefdirigent des Philharmonischen Orchesters Bad Reichenhall in der Tradition seiner Vorgänger. Sein Ziel ist es, alles zu tun, was dem Fortbestand des Klangkörpers zum Nutzen des Kurortes und der gesamten Region gerade in der heutigen Zeit dient. D e m m l e r will auf die Pflege des Orchesters besonderen Wert legen und die proportionale Besetzung der Instrumentalgruppen fördern. Bei den vielen Einsätzen des Klangkörpers, sowohl im klassisch-symphonischen Bereich wie auch bei der Kurmusik strebt er ein gewisses Gleichgewicht zwischen Aufführung und Proben an. Alle weiteren Aufgaben wie Gastkonzerte in der Region, Jugendkonzerte (auch in Salzburg), Sonderkonzerte, Konzerte zur Förderung junger Künstler und junger Dirigenten usw. sollen selbstverständlich weiter verfolgt und durch eine stets anspruchsvolle Programmgestaltung intensiviert werden.

Die *Kurmusik-Programme* hat Klaus Dieter D e m m l e r im Jahre 1992 neu geordnet und systematisiert unter tatkräftiger Mitarbeit von Stefan H a m m e r m a y e r, Mitglied des Orchestervorstandes. Das Kurkonzert-Repertoire besteht jetzt aus etwa 80 Programmen, was knapp 600 einzelne Piècen bedeutet. Eine weitere Neuerung führte er 1993 ein, indem er monatlich eine *Matinee* veranstaltet, die jeweils einem Komponisten gewidmet ist, wie Mozart, Dvořák, Grieg, Beethoven usw., was zur Vertiefung der Musikkenntnis des Publikums beiträgt. Eine Systematisierung erfuhren zudem die *Schülerkonzerte*. Während einer Woche im Januar fanden acht Konzerte für alle Schulen des Berchtesgadener Landkreises statt, inbegriffen auch die „Rupertus-Schule" in Piding, sowie „Haus Hohenfried" in Bad Reichenhall. Außerdem gab es zwei Konzerte pro Jahr für einige Schulen in Salzburg.

Die *Konzerteinführung* zu den Abonnementkonzerten, im Rahmen einer Musik-Vortragsreihe der Volkshochschule gibt es inzwischen seit rund 25 Jahren. Bei Klaus-Dieter D e m m l e r als Referent gesellt sich zu seinem großen Wissen sein eigenes pianistisches Können am Flügel. Als Musikkolleg aufgebaut, erläutert er jeweils das komplette Konzertprogramm mit musikgeschichtlichen und biographischen Ausführungen und zitiert wesentliche Passagen der Partitur durch eigenes Spiel.

Die unter der Leitung von Klaus-Dieter Demmler vom Philharmonischen Orchester produzierten CD/Kassette *„Die schönsten Melodien aus den Kurkonzerten"* sind soeben erschienen und die „125jährige Jubiläumsfeier" bietet den aktuellen Anlaß, sie dem interessierten Publikum vorzustellen.

Wenn die Entwicklung der „Konzert-Orchester" vom ersten Gung'l-Orchester vor 125 Jahren bis zum heutigen Philharmonischen Orchester mit Lob honoriert wird, so ist dies durch den Einsatz aller Beteiligten über viele erfolgreiche und stürmische Phasen hinweg verdient worden und darf Ansporn sein für eine leistungsstarke und erfolgreiche Zukunft des Philharmonischen Orchesters Bad Reichenhall.

Das Orchester heute und morgen

Ein Klangkörper stellt sich vor

Stefan Hammermayer

Das Philharmonische Orchester besteht heute aus 39, mit dem Chefdirigenten 40 Mitgliedern. Dazu kommt eine Sekretärin, die gleichzeitig die Position des Orchesterinspektors wahrnimmt.

Es sind im einzelnen:

Violine 1	Michael Daubner, Konzertmeister	Violine 2	Gertrud Huber
	Edmund Nagel, stellv. Konzertmeister		Josef Rigo
	Emil Kalus		Franz Slaboch
	Volker Jess		Barbara Veres
	Wolfgang Müller		
	Ann Hubble		
	Gabi Kaiblinger		
Viola	Lothar Thiel	Violoncello	Gertrud Kühn
	Nikolaus Bakay		Christine Ziburski
	Stefan Hammermayer		Werner Horsch
Kontra-baß	Thomas Kerber	Flöte	Marcia Knedlik
	Hans-Peter Kranzbühler		Oswald Gehring
Oboe	Susann Zirnbauer	Klarinette	Werner Mayrhuber
	Franz Kerschner		Horst Schuster
Fagott	Pavel Limpar	Trompete	Roland Burkhardt
	Norbert Mohren		Berthold Schwarz
Posaune	Thomas Höger	Horn	Robert Löffelmann
	Dieter Horneber		Manfred Besner
	Franz Eder		Scott Brahier
			Manfred Hahnert
Harfe	Karin Reiter	Pauke	Alfons Panzl

Schlagzeug Max Hark

Orchesterinspektorin und Sekreätrin: Brigitte Dreßler

Künstlerischer Leiter: Chefdirigent Musikdirektor Klaus-Dieter Demmler

Das Philharmonische Orchester Bad Reichenhall (Mai 1993)

Somit verfügt das Philharmonische Orchester über eine Mindesstärke, bei der alle wichtigen Instrumente so besetzt sind, daß der größte Teil der klassisch-sinfonischen Musik gespielt werden kann. In den Fällen, in denen die zu spielenden Werke eine größere Besetzung verlangen, greift das Orchester auf *Aushilfen* zurück. Es sind dies meistens Studenten der Hochschule für Musik Salzburg (Mozarteum), oder Kollegen aus dem Mozarteum-Orchester Salzburg.

Auf der administrativen Seite steht der Verein der *„Freunde des Philharmonischen Orchesters Bad Reichenhall e.V."* als Träger des Orchesters an erster Stelle. Die zwei Vorstände des Vereins werden alle zwei Jahre neu gewählt. Das Amt des *1. Vorstands* hat der Vorstandsvorsitzende der Sparkasse Berchtesgadener Land, Herr Direktor Josef Sichert, inne. Ihm zur Seite steht der aus den Reihen des Orchesters gewählte *2. Vorstand,* Herr Manfred Besner. Die Arbeit des Vorstands ist ehrenamtlich. Der *Geschäftsführer,* Herr Dipl.-Kaufmann Jochen Rösch, verwaltet die Finanzen des Orchesters.

Ein *Orchesterbüro* im eigentlichen Sinn gibt es erst seit Ende 1991. Bis dahin lag ein Großteil der Verwaltungsarbeit in den Händen des Chefdirigenten und des nebenamtlich tätigen Orchesterinsepktors und Notenwartes. In dieser Funktion war zuletzt ein Orchestermusiker, Herr Erich Mai, tätig. Weitere Aufgaben wie die Betreuung der Vereinsmitglieder wurden ehrenamtlich von Orchestermitgliedern verrichtet.

Durch das Ausscheiden von Herrn Mai und die Zusammenführung der bisher zum Großteil ehrenamtlich bewältigten Aufgaben wurde die Einrichtung eines Orchesterbüros mit einer hauptamtlichen *Sekretärin* unumgänglich. Hier sorgt die Sekretärin, Frau Brigitte Dreßler, für einen reibungslosen Ablauf. In ihrem Büro laufen nun alle Fäden zusammen: Sämtlicher Schriftverkehr, Erstellen der Konzertprogramme nach der Vorlage des Chefdirigenten, Verwaltung des umfangreichen Notenmaterials, Bestellung der Ersatzklangkörper und die Betreuung der Vereinsmitglieder. Dies sind nur die wichtigsten Aufgaben.

Der korrekte Aufbau der Bühne, Umbau der Bühne während der Konzerte und Transport der orchestereigenen Instrumente ist Aufgabe des *Bühnenmeisters,* Herr Stefan Hammermayer. Ihm stehen für diese Arbeit die Angestellten der Staatlichen Kurverwaltung hilfreich zur Seite. Herr Hammermayer führt auch das historische *Archiv* des Orchesters.

Innerhalb des Orchesters wird alle zwei Jahre ein aus drei Mitgliedern bestehender *Orchestervorstand* gewählt, der neben vielen anderen Aufgaben vor allem die Verantwortung für die Disziplin im Orchester trägt und auch an künstlerisch wichtigen Belangen beteiligt wird.

Der aus drei Mitgliedern bestehende *Betriebsrat* wahrt zusammen mit dem Vertreter der zuständigen Gewerkschaft DOV (Deutsche Orchestervereinigung e.v.) die Interessen der Arbeitnehmer im Sinne des Betriebsverfassungsgesetzes. *Pressereferent* ist Herr Alfons Panzl, der sich auch um die Werbung für das Orchester kümmert.

Der „Kopf" des ganzen Orchesters ist schließlich der *Chefdirigent,* Herr Musikdirektor Klaus-Dieter Demmler. Seine Aufgaben sind weitaus umfangreicher als allgemein üblich: neben der künstlerischen Verantwortung für alle Konzerte der Saison, von denen er fast 350 selbst dirigiert, hat er den Dienstplan und die Konzertabläufe vorauszuplanen, Verhandlungen mit Solisten und Gastdirigenten der Konzerte zu führen. Er ist Ansprechpartner für die Kurverwaltung, konzipiert die Programme, hält Einführungsvorträge zu Abonnement- und Meisterkonzerten und hat weitreichende Kontakte zu pflegen, so z.B. mit der Hochschule für Musik in München und den Chören im Berchtesgadener Land und darüber hinaus.

Da das Philharmonische Orchester als Kulturorchester auch Kurkonzerte spielt, gelten sowohl Teile des Tarifvertrages für Mitglieder von Kurkapellen (Bädertarif) als auch Teile des Tarifvertrages für die Musiker in Kulturorchestern (TVK). Das Ergebnis ist eine Art „Haustarif", in dem Elemente beider Tarifverträge eingebunden sind.

Ein vielseitiges Aufgabengebiet

Aus der Verknüpfung der beiden Aufgabengebiete Kurmusik - Kulturorchester entsteht eine Vielseitigkeit, die das Orchester unverwechselbar macht. Als Beispiel möge die Konzertstatistik des Jahres 1992 dienen:

Das Orchester spielte	6 Abonnementkonzerte
	6 Meisterkonzerte
	7 Chorsinfonische Konzerte
	31 Symphonische Abendkonzerte
	23 Kammerkonzerte
	10 Konzerte der Big-Band
	12 Schülerkonzerte
	5 Sonderkonzerte
	342 Kurkonzerte
	12 Öffentliche Proben
	159 Proben
	613 Auftritte

Während des Jahresurlaubs in den Monaten November/Dezember spielte das Kurensemble Bad Reichenhall unter der Leitung von Rudolf Bilka vertretungsweise 66 Kurkonzerte.

Bei weiteren 67 Konzerten wurde das Orchester durch Ersatzklangkörper vertreten.

Liest man „zwischen den Zeilen" dieser nüchternen Aufstellung, so entdeckt man eine Vielfalt, die eine Statistik kaum erfassen kann:

1) Das Philharmonische Orchester fördert junge Künstler. Die Reihe der *Symphonischen Abendkonzerte,* die jeweils am Donnerstag stattfinden, ist in der Regel jungen Künstlern vorbehalten. Sie erhalten als Solisten Gelegenheit, sich vor Orchester und Publikum „auszuprobieren". Ein Teil dieser Konzerte wird auch von jungen Gastdirigenten geleitet.

2) Auch die Zusammenarbeit mit der Hochschule für Musik in München dient der Förderung junger Künstler. Das jährlich stattfindende *Dirigentenseminar* gibt den Studenten der Dirigierklasse die oftmals allererste Gelegenheit, überhaupt ein Orchester zu dirigieren. Der Professor, als Leiter des Seminars, wählt dann in Zusammenarbeit mit dem Orchestervorstand die Studenten aus, die im Folgejahr das *Dirigentenpraktikum* als Anschlußmaßnahme absolvieren. Hierbei dürfen die Studenten nochmals selbständig Kurkonzerte dirigieren. Eine Anzahl von Symphonischen Abendkonzerten und auch Konzerte der Kammermusikreihe sind fest an die Hochschule für Musik München vergeben.

3) Der Orchesterroutine dient auch das *Orchesterpraktikum,* eine Initiative des Bayerischen Musikrates. Hier spielen die Studenten der Hochschulen und Fachakademien für meist zwei Monate im Orchester mit. Gerade das Philharmonische Orchester kann hier vorbildliche Arbeit leisten.

4) Preisträger des Wettbewerbes „*Jugend musiziert"* werden regelmäßig als Solisten zu Symphonischen Abendkonzerten eingeladen.

5) Das Philharmonische Orchester spielt jedes Jahr für alle Schulen des Berchtesgadener Landes spezielle Konzertprogramme. 1992 wurde z.B. das musikalische Märchen „*Peter und der Wolf"* von Sergej Prokofjew gespielt. Das Werk wurde vorher im Unterricht in den Schulen besprochen. Auch die Vorstellung der einzelnen Instrumente des Orchesters ist Teil der *Schülerkonzerte,* die auf so großes Interesse stoßen, daß auch Schülerkonzerte in Salzburg gespielt werden.

6) Die Zusammenarbeit mit den *Chören* aus der Umgebung ist fester Teil der Konzertplanung.

7) Zahlreiche *Laienmusikensembles* wie Blaskapellen, Akkordeonorchester u.v.m. erhalten Gelegenheit, das Orchester bei Konzerten zu vertreten, wenn es durch Proben oder Auswärtskonzerte verhindert ist.

8) Neben der Aufführung der Werke zeitgenössicher Komponisten in *Abonnement- und Meisterkonzerten* werden künstlerische Akzente gesetzt, indem einzelne Konzerte jeweils dem Schaffen nur eines Komponisten in Form *Symphonischer Matineen* gewidmet sind.

An dieser Stelle sei einmal das schöne Theater im Kurgastzentrum erwähnt, das dem Orchester seit 1988 zur Verfügung steht. Die Abonnement- und Meisterkonzerte kommen durch den würdigen Rahmen, den der repräsentative Theaterraum bietet, zu der ihnen angemessenen Bedeutung. Als *Solisten* dieser Konzerte werden durchwegs hochqualifizierte Musiker verpflichtet, die man teilweise zur internationalen Spitze rechnen muß.

9) In der vielbeachteten Konzertreihe „*Musiksommer zwischen Inn und Salzach*" hat sich das Philharmonische Orchester inzwischen einen festen Platz erarbeitet. Der künstlerische Anspruch dieser Konzertreihe ist besonders hoch. Das Orchester ist hier seit Jahren mit Konzerten vertreten, in denen außergewöhnliche und selten zu hörende Werke angeboten werden.

10) Hervorzuheben ist auch die Zusammenarbeit mit der *Musikschule Bad Reichenhall,* unter deren Fachlehrern auch Musiker des Orchesters zu finden sind. Die Musikschule gestaltet auch Konzerte zusammen mit dem Philharmonischen Orchester. Schüler der Musikschule treten hierbei als Solisten auf oder spielen im Orchester mit.

11) Bei *Gastspielen,* vor allem in Zusammenarbeit mit Chören, wird der gute Ruf des Orchesters weit über die Grenzen Bad Reichenhalls hinausgetragen.

12) Nicht unerwähnt bleiben dürfen in diesem Zusammenhang auch die *Kammermusikensembles* aus dem Orchester, die nicht nur in der orchestereigenen Kammermusikreihe, sondern auch in eigenen Konzerten auftreten, so z.B. das *Streichquartett,* das *Bläsertrio,* das *Oktett,* das *Blechbläserquintett,* das *Barocke Kammerensemble* und das *Percussions-Ensemble.* Eine Sonderrolle spielt hier die *Philharmonic Big-Band,* die erst dadurch möglich wird, daß eine Reihe von Musikern Nebeninstrumente wie Saxophon und E-Baß spielt. Die Big-Band ist beim Publikum beliebt und tritt in der Regel alle vier Wochen auf.

Trotz dieser reichen Aufzählung können nicht alle Aktivitäten des Orchester Erwähnung finden.

An der Grenze der Leistungsmöglichkeiten angekommen?

Aus alledem ergibt sich, daß das Orchester, das trotz der ungeheuren Aufgaben-vielfalt in den letzten Jahren seine Qualität und damit den Ruf als Kulturorchester erheblich steigern konnte, inzwischen wohl an der Grenze seiner Leistungs-möglichkeiten angekommen ist. Ein Beispiel aus der aktuellen Saison 1993 soll dies verdeutlichen:

Auszug des Dienstplans vom 2. bis 14. März 1993:

Di. 02.03.	16.00 Uhr	Konzert
	20.00 Uhr	Konzert
Mi. 03.03.	9.30 Uhr bis 12.00 Uhr	Probe für Symphonisches Abendkonzert
	16.00 Uhr	Konzert
Do. 04.03.	9.30 Uhr	Probe für Symphonisches Abendkonzert
	10.45 Uhr	Konzert
	20.00 Uhr	Symphonisches Abendkonzert [234]
Fr. 05.03.	9.30 Uhr	Probe für CD mit Aushilfen
	16.00 Uhr	Konzert
Sa. 06.03.	9.30 Uhr	Probe für Konzert in Burghausen mit Aushilfen
	16.00 Uhr	Konzert
So. 07.03.	10.45 Uhr	Konzert
	16.00 Uhr	Konzert
Mo. 08.03.	7.45 Uhr	Abfahrt mit Bus ab Wandelhalle nach München (Studio I Rundfunkplatz 1, Nähe Hauptbahnhof) CD-Aufnahme 10.00 - 18.00 Uhr, Rückkehr ca 20.00 Uhr [235]
Di. 09.03.	7.00 Uhr	Abfahrt ab Wandelhalle CD-Aufnahme 10.00 - 18.00 Uhr Rückkehr ca. 20.00 Uhr

234) Ein Symphonisches Abendkonzert mit nur zwei Proben zu erarbeiten, ist aufgrund der enormen Routine Standard in Bad Reichenhall

235) Durch den übervollen Dienstplan waren für das gesamte CD-Programm nur drei Proben möglich. Manche Stücke mußten ohne Probe während der Aufnahmesitzungen erarbeitet werden. Dank der hervorragenden Disziplin der Orchestermitglieder konnte fast das gesamte Programm der CD an zwei Tagen aufgenommen werden. An einem dritten Termin Ende März wurde die CD fertiggestellt.

236) Ein „ganz gewöhnliches" Symphonisches Abendkonzert, das - wie die Kurkonzerte in diesem Zeitraum - gar nicht weiter auffällt.

237) Ein Operettengala mit nur einer Probe zu spielen, ist eine bemerkenswerte Leistung. Der Wiener Gastdirigent hatte am Vorabend ein ähnliches Programm mit einem anderen Orchester gespielt. Das Konzert in Bad Reichenhall wurde zum größten Teil aus dem Notenmaterial des Gastdirigenten gespielt. Als vor Beginn

Mi. 10.03.	9.30 Uhr	Probe für Operettenkonzert
	10.45 Uhr bis 12.00 Uhr	Probe für Symphonisches Abendkonzert
	16.00 Uhr	Konzert
Do. 11.03.	9.30 Uhr	Probe für Syphonisches Abendkonzert
	10.45 Uhr	Konzert
	20.00 Uhr	Symphonisches Abendkonzert [236]
Fr. 12.03.	9.30 Uhr bis 12.30 Uhr	Generalprobe für Operettenkonzert
	19.30 Uhr	Operetten-Gala [237]
Sa. 13.03.	15.30 Uhr	Abfahrt mit Bus ab Wandelhalle nach Burghausen Anspielprobe 17.00 - 19.00 Uhr
	20.00 Uhr	Konzert in Burghausen (Stadtsaal) [238] Rückkehr gegen 0.15 Uhr
So. 14.03.	10.45 Uhr	Konzert
	16.00 Uhr	Konzert

Hinter diesem trockenen Zeitplan verbirgt sich ein Arbeitspensum des Orchesters, das seinesgleichen sucht. Neben den außergewöhnlichen Konzerten und der CD-Aufnahme hatte das Orchester in diesen zwei Wochen ohne jeden freien Tag auch 12 normale Kurkonzerte zu spielen – und in der folgenden Woche, auf die hier nicht mehr weiter eingegangen wird, stand ein großes Abonnementkonzert mit den dazugehörigen Proben auf dem Plan.

---

der Generalprobe die Notenmappen für das Konzert zusammengestellt wurden, stellte sich heraus, daß das am Abend vorher gespielte Notenmaterial dem Dirigenten als wüst durcheinandergeworfener Papierberg eingepackt worden war. So verging ein erheblicher Teil der Probenzeit mit dem verzweifelten Versuch, die einzelnen Notenblätter wieder zu sortieren. Am Abend spielte das Orchester also eine Operettengala vom Blatt! Mit Sängern, mit denen das Orchester *noch nie* zusammengearbeitet hatte, mit einem *fremden* Gastdirigenten! Doch das Wagnis gelang ausgezeichnet - niemand aus dem begeisterten Publikum des ausverkauften Saales ahnte von den Schwierigkeiten.

238) In Burghausen hatte das Orchester Preisträger des „Vereins zur Förderung junger Musiker" Altötting, zu begleiten. Bei den jungen Musikern wie den Solisten dieses Abends ging in der Aufregung des Konzertes manches schief. *Konzerterfahrung* läßt sich eben zu Hause nicht einstudieren. Auch hier war das Orchester durch seine enorme Routine allen Situationen gewachsen.

Gedanken des Vereinsvorsitzenden

Josef Sichert

Ähnlich wie der Mensch kommt auch ein Unternehmen bei der Bestimmung seiner Identität nicht an der die Gegenwart prägenden Vergangenheit vorbei.
Wir haben gesehen, daß erst aus den geschichtlichen Strukturen der gegenwärtige Entwicklungsstand des Philharmonischen Orchesters und seine spezifischen Merkmale erklärbar sind. Die Frage, „Wo stehen wir jetzt" ist nur unvollständig zu beantworten, wenn man nicht gleichzeitig fragt, „wo kommen wir her?"
In den Antworten erst auf beide Fragen sehen wir wichtige Hinweise für eine „Soll-Vorgabe" für die Zukunft.
Wir sind deshalb dem Verfasser dieser Schrift, Dr. Herbert Pfisterer, sehr zu Dank verpflichtet, daß er sich der Mühe unterzogen hat, anläßlich unseres Jubiläums die Geschichte des Orchesters zu schreiben.

Der große Wert dieser Festschrift liegt nicht nur in der umfassenden Information unserer Festgäste. In diesem Werk sehe ich insbesondere auch den Ansatzpunkt zur Förderung des Problembewußtseins und der Identifikation bei den Mitgliedern des Philharmonischen Orchesters Bad Reichenhall, aber auch bei allen, die für das Orchester Verantwortung übernommen haben oder aufgrund ihrer Position und Stellung Verantwortung tragen.
Die Geschichte unseres Philharmonischen Orchesters bestimmt die heutige Position. Schwächen der Vergangenheit müssen wir als unsere Herausforderung für die Zukunft sehen.
Unsere Stärken gilt es zu wahren und zu pflegen und wir wollen unsere Arbeit nicht dem Zufall überlassen.
Die Stärke des Philharmonischen Orchesters Bad Reichenhall liegt in der Akzeptanz beim Publikum.
Durch die besondere Struktur des Orchesters unterscheidet sich auch das Publikum von dem anderen Orchester. Die Konzertbesucher kommen nicht nur aus der heimischen Region, sondern aus dem gesamten Bundesgebiet und dem Ausland.
Im Gegensatz zu den staatlichen Orchestern, die ihre Aufführungen in den Konzertsälen oder bei Festspielen immer nur einem begrenzten Kreis von Kunstinteressierten anbieten, bringt das Philharmonische Orchester Bad Reichenhall das musikalische Kulturgut einer breiten Bevölkerungsschicht zu Gehör und fördert so das Interesse für höherwertige Musik.
Da ja viele Gäste gerade wegen des Orchesters und der hier gebotenen hochrangigen Kurmusik nach Bad Reichenhall kommen, kann auch die gesamte Geschäfts-

welt in und um die Stadt einen höheren Zuspruch verzeichnen. So wird ein nicht unwesentlicher Beitrag zum Wohl der heimischen Wirtschaft geleistet, indem das kulturelle Angebot zur Verbesserung der Infrastruktur dieser Region beiträgt. Diese bedeutende Stellung in der Musikkultur konnte das Philharmonische Orchester nur dadurch erreichen, daß die Bayerische Staatsregierung und der Bayerische Landtag in den letzten Jahren durch freiwillige Leistungen auf dem kulturellen Gebiet auch die nichtstaatlichen Orchester, zu denen das Philharmonische Orchester Bad Reichenhall gehört, erheblich unterstützt und gefördert haben. Es konnte jedoch bisher keine Planungssicherheit für eine längerfristige, finanzielle Ausstattung gegeben werden. Dies gilt auch für die jährlichen Zuschüsse der Stadt Bad Reichenhall, des Landkreises Berchtesgadener Land und des Bezirkstages, die für uns aber von existentiellem Gewicht sind.

Das alles bedeutet ein alljährlich wiederkehrendes Zittern und Bangen um das Auskommen und Weiterbestehen des Orchesters. Lediglich das Vertrauen auf die Versicherungen des Herrn Staatsministers für Unterricht, Kultus, Wissenschaft und Kunst Hans Zehetmair und des Herrn Staatsministers für Finanzen Dr. Georg von Waldenfels, für die Förderung der nichtstaatlichen Orchester eine Lösung zu finden, die sowohl den haushaltsmäßigen Rahmenbedingungen Rechnung trägt als auch eine gesicherte Arbeitsgrundlage schafft, läßt es dem Trägerverein überhaupt vertretbar erscheinen, unbefristete Arbeitsverträge mit den Musikern abzuschließen.

Um die Qualität unserer Mitarbeiter aber steigern zu können, müssen wir für den Bewerber attraktiv erscheinen. Neben Erfolg und dem angemessenen Einkommen schaut jeder Bewerber natürlich auch auf die Sicherheit – diese können wir derzeit nicht bieten. Der jährlich mit der Staatlichen Kurverwaltung auszuhandelnde Vertrag zur Bestreitung der Kurmusik sichert uns zwar einen wesentlichen Bestandteil unserer Existenz, er bringt uns finanziell aber nur ein Drittel unseres Haushalts, der bekanntlich mit mehr als 90 % aus Personalkosten besteht. Anstelle der erbetenen Einrichtung eines eigenen Titels für die nichtstaatlichen Orchester im Haushalt des Freistaates droht uns jetzt sogar die Kürzung der Zuschüsse.

Der Wegfall des Orchesters würde mit Sicherheit eine wesentliche Verarmung des gesamten musikalischen Kulturlebens in Südostbayern darstellen. Es wäre aber auch eine wirtschaftliche Beeinträchtigung der Region und letztlich auch der Verlust von mehr als 40 hochqualifizierten Arbeitsplätzen. Angesichts dieser Situation wollen wir umso mehr unseren Willen bekunden, alles zu unternehmen, was der Zukunftssicherung und Qualitätssicherung des Philharmonischen Orchesters Bad Reichenhall dienlich sein kann.

Sehr verlockend ist dabei der Gedanke, eine spezielle Reichenhaller Konzertkultur herauszubilden, die eine Unverwechselbarkeit gibt zu anderen Orchesterlandschaften.

Wir wollen,daß die Konzerte des Philharmonischen Orchesters Bad Reichenhall weiterhin zu Sternstunden der Kulturszene in Südostbayern werden – ein hochgestecktes Ziel – aber nicht unerreichbar, denn wir haben hierzu die Kompetenz.